Hans-Peter von Peschke / Werner Feldmann

Das Kochbuch der Renaissance

Hans-Peter von Peschke / Werner Feldmann

Das Kochbuch der Renaissance

Artemis & Winkler

Die Deutsche Bibliothek – CIP-Einheitsaufnahme

Peschke, Hans-Peter von:
Das Kochbuch der Renaissance/Hans Peter von Peschke/Werner
Feldmann. – Düsseldorf; Zürich: Artemis und Winkler, 1997
ISBN 3-538-07061-X

Satz: Utesch GmbH, Hamburg
Druck und Bindung: Wiener Verlag, Himberg
Printed in Austria
ISBN 3-538-07061-X

Inhalt

Eßkultur der Renaissance

Festlich und verführerisch kennen wir die mittelalterliche Küche meist aus Hollywoodfilmen: Wir hören das gebieterische Klopfen des Stocks des Haushofmeisters auf den Steinboden der erhellten Burghalle und sehen eine Schar von Küchengehilfen, wie sie, an der Spitze der Küchenmeister, andächtig und stolz das Wildschwein, knusprig gebraten, zur hohen Tafel tragen, wo anmutige Damen und edle Ritter mit Spannung die Speisen erwarten. Von zierlicher Pagenhand zerkleinert, wandern Stückchen edelsten Wildbrets und goldbraunen Federviehs in die Münder der holden Maiden und tapferen Recken. Und wem liefe nicht wie der edlen Lady Marian das Wasser im Munde zusammen, die, als sie Errol Flynn als Robin Hood verkleidet in eine saftige Hammelkeule beißen sah, alle höfischen Tischsitten vergaß, kräftig zulangte und die abgenagten Knochen hinter sich warf.

Solche Bilder mögen nostalgische Gefühle wecken, allein sie täuschen, denn das Mittelalter zählt auch kulinarisch zu den »dark ages«. Nicht so sehr deshalb, weil für die meisten Menschen damals Schmalhans Küchenmeister war – das sollte sich in der Renaissance und bis zum 19. Jahrhundert nicht ändern, sondern weil, was auf die Tische des Adels und der hohen Geistlichkeit kam, zwar reichlich, aber kulinarisch ziemlich einfallslos war.

Die Köche des Mittelalters beherrschten vor allem das Kochen und Braten, zumeist wendeten sie beides hintereinander an. Sicher hatte das auch damit zu tun, daß sie die Speisen aus zähem, altem Fleisch zubereiten mußten. Wie wir aus Knochenfunden wissen, stammte es fast ausschließlich von Tieren, die ihre Arbeitsdienste nicht mehr erfüllen konnten und deshalb geschlachtet wurden. Kein Wunder, daß in vielen mittelalterlichen Küchen das Fleisch erst gekocht, dann zerstoßen und püriert und schließlich so verschwenderisch gewürzt wurde, daß von seinem eigenen Aroma fast nichts mehr zu schmecken war.

Was die mittelalterliche Küche im wahrsten Sinn farbig machte, waren Breis aus Kräutern, Sandelholz, Safran oder Maulbeeren. Der Hausherr konnte mit solchen Speisen prunken, zeigten sie doch seinen Reichtum in einer Zeit, da ein Pfund Safran einen prächtigen Rappen wert war und eine Muskatnuß mit einem halben Dutzend Zugochsen aufgewogen wurde. Das höchste Ansehen brachten ihm deshalb auch die Schaugerichte, wo etwa ein auf silberner Tafel aufgetragener feuerspeiender Adler das Publikum in Staunen versetzte – auch wenn es vielleicht wußte, daß das edle Tier trotz langen Kochens und teuerster Würzung fad und zäh schmecken würde.

Den wenigen mittelalterlichen Kochbüchern entnehmen wir, daß von irgendeiner sinnvollen Reihenfolge der Speisen oder gar einer Tischkultur nicht die Rede gewesen sein kann.
Alles, ob süß, pikant oder fast geschmacklos, kam gleichzeitig auf den Tisch, die einzelnen Fleisch- und Gemüsestücke nicht größer als »fingerlang«, meist aber noch kleiner »zerhackt«, »zerstoßen« oder gar »staubfein gemahlen«. Die Leute aßen sie mit Händen, und ihre Zubereitung entsprach dem miserablen Zustand ihrer Zähne.
Solche Beschreibungen sind allerdings mit den zahlreichen Kochbüchern, die uns die mittelalterliche Küche schmackhaft machen wollen, nicht in Einklang zu bringen. Hier sind neben einfachen, höchst bescheidenen oder doch sonderbar schmeckenden Gerichten auch wirklich reizvolle Rezepte zu finden. Der Grund hierfür ist schnell vorgebracht, denn die dem Mittelalter zugeschriebenen Rezepte sind schlicht aus einer späteren Zeit. Die einzigen bekannten Kochbücher, die wir zumindest dem Spätmittelalter zuordnen können, sind das *Buch von guter Spise*, das um 1350 erschienen ist, das Kochbuch des Küchenmeisters von König Richard II., *The Forme of Cury*, das um 1390 entstand, und die Rezeptsammlung des einzigen wirklich bekannten mittelalterlichen Maître Guillaume Tirell, der seinen Spitznamen Taillevent noch als Hofkoch von Karl VI. trug. Sein *Le Viandier* verfaßte er vermutlich zwischen 1373 und 1392, auch wenn es erst hundert Jahre später erschienen ist. In diesen drei Büchern stoßen wir auf raffinierte und kuriose, aber auch auf einige heutigen Gaumenansprüchen genügende Speisen, doch die meisten Gerichte sind nur unter den oben erwähnten Vorbehalten und Einschränkungen zu genießen.
Tatsächlich greifen die meisten heutigen Rezeptsammlungen zur mittelalterlichen Küche auf Kochbücher zurück, die im 15., meist 16., ja selbst im 17. Jahrhundert erschienen sind. Was eindeutig in die Zeit der Renaissance gehört, wird als das Herausragende der mittelalterlichen Küche gepriesen.
Ein Ochse aus dem 10. oder 13. Jahrhundert unterschied sich wesentlich von einem direkt für den Verzehr gezüchteten Ochsen des 16. Jahrhunderts. Obwohl sich beide am Spieß über dem offenen Feuer drehten, mußte doch das zartere Fleisch des Renaissance-Tiers eine feinere Behandlung herausgefordert haben. Schon die Füllungen verweisen auf das neue kulinarische Fingerspitzengefühl.
Am augenfälligsten wurde die Renaissance in der Kochkunst dort, wo neue Impulse, erst aus dem Nahen Osten, dann aus der Neuen Welt, aufgenommen wurden. Selbstverständlich kennt auch das Mittelalter allerlei »heidnische Speisen«, aber Gerichte auf »heidnische« Art zuzubereiten, beginnen innovative Küchenmeister erst in der Renaissance. Und so feiert die politische und kulturelle Renaissance des Abendlandes einige ihrer größten Höhepunkte auch im Bereich des Kulinarischen.

Esaias van de Velde, *Gastmahl im Schloßpark*, 1624

Italien war im 14. Jahrhundert ein zersplittertes, doch durch den Mittelmeerhandel reich gewordenes Land. Es bildete die Drehscheibe zwischen Islam und Christentum. Venedig, das sich stolz »Beherrscherin der Meere« nannte, wetteiferte mit der Finanzmetropole Florenz und dem Welthafen Genua. Der Ewigen Stadt Rom verliehen die Päpste nach ihrer Rückkehr aus der »babylonischen Gefangenschaft in Avignon« wieder mehr Glanz. Die Herrschergeschlechter, Patrizier und Handelsherren der italienischen Stadtstaaten hatten die Fähigkeiten und die Mittel, Kultur und Wissenschaft wieder zum Blühen zu bringen. Sie pflegten – auch wenn sie, wie es guter christlicher Tradition entsprach, auf die »mörderischen Heiden« schimpften – rege Kontakte zu ihren islamischen Handelspartnern. Ob es sich um Buchhaltung, Navigation, Staats- oder auch »nur« Kochkunst handelte, sie waren bereit, von ihnen zu lernen. Zugleich besannen sie sich auf ihr historisches Erbe und gruben aus, was an Wissenswertem aus den Zeiten des Imperium Romanum gerettet worden war. Durch Mut und Finanzkraft gelang es ihnen, das erfahrene oder wiedergewonnene Wissen politisch, wirtschaftlich und kulturell umzusetzen.
Die Kochkunst hatte seit ihren ersten großen Höhepunkten im alten Griechenland und im kaiserlichen Rom erhebliche Rückschläge erlitten. Nun aber, im 14. Jahrhundert, waren für die »kulinarische« Renaissance auf der Apenninhalbinsel die besten Voraussetzungen vorhanden. Die Gelehrten studierten wieder alte Kochbücher wie die des Apicius, die fleißige Mönche Generation für Generation kopiert hatten. Rezepte der altrömischen Küche und überlieferte Kunstgriffe des Kochens wurden mit neuer Experimentierfreude aufgenommen. Der Handel mit den Arabern hatte neue Gewürze wie Anis und Datteln, Granatäpfel und Bitterorangen gebracht, und der Reichtum erlaubte, all diese Produkte wenn nicht verschwenderisch, so doch immer häufiger zu verwenden. Auf Anweisung ihrer Herren, die in Damaskus oder Alexandria morgenländische Gastfreundschaft genossen hatten, begannen die Köche auch, die Zubereitungsmethoden der arabischen Welt nachzuahmen.
Am Beginn des kulinarischen Aufschwungs stand wohl auch in Italien noch die übertriebene Eßlust der Reichen des Mittelalters, die Quantität war wichtiger als die Qualität. Zumindest ist das den Schilderungen Boccaccios zu entnehmen, zum Beispiel seiner Beschreibung einer reichen Florentinerin:
»Wo immer sie schöne Kapaune auftrieb, ließ sie sie sorgfältig mästen und für sich bereiten. Die breiten Bandnudeln mit Parmesan aß sie nicht vom Teller, sondern gleich aus der Schüssel und schlang alles so gierig in sich hinein, als sei sie nach langer Fastenzeit aus dem Hungerturm entkommen. Junge Milchkälbchen, Rebhühner, Fasane, Turteltauben, fette Krammetsvögel, lombardische Suppen, Eierkuchen mit Holundersauce, Kastanienkuchen verschwanden in ihrem Magen ...«

Mag diese Schilderung auch übertrieben sein, in Florenz oder Venedig wurden Unsummen für das Essen ausgegeben. Sicheres Indiz dafür ist, daß die Räte beider Städte regelmäßig Genügsamkeitsgesetze erließen. Ihre Mühe war vergeblich, und Ende des 14. Jahrhunderts gaben sie es auf.

Boccaccios Blick in die Speisetöpfe der Toskana förderte für den Zeitgenossen vor allem ein Nahrungsmittel zutage, das ihm der Mittelpunkt der italienischen Küche zu sein scheint, die Bandnudeln. Der kulinarischen Fama nach berichtete Marco Polo nach der Rückkehr von seiner Asienreise 1295, daß die Chinesen sich fast ausschließlich von Reis und Teig, den sie in Form von Fäden oder als gefüllte Täschchen servierten, ernährten. Sein Bericht soll auf das rege Interesse venezianischer Köche gestoßen sein, die nach längerem Probieren die richtige Mischung von Wasser, Mehl, Eiern, Öl und Salz herausgefunden hatten, um Teigwaren aller Art zum unverwechselbaren Markenzeichen italienischer Küche werden zu lassen. Diese Geschichte wurde oft erzählt, ist aber vermutlich erfunden. Denn mindestens fünfzig Jahre vor Marco Polos Reise aßen Inder und Araber bereits Nudeln, und sie werden ihre Rezepte wie die vieler anderer Speisen bereitwillig weitergegeben haben. Nur wurde erst mit dem Einzug des Reichtums in Italiens Städte die Herstellung von Teigwaren häufiger. Noch im 15. Jahrhundert war ihre Produktion in Dürrejahren verboten, das wenige Mehl wurde für Brot gebraucht. Fiel die Ernte gut aus, priesen nun aber die »lasagnari« und Pastaverkäufer ihre Waren laut schreiend in den Straßen an.

Wurden die Teigwaren durch italienische Köche zu einer weltberühmten Spezialität, so erlebte eine andere weltberühmte Köstlichkeit in Venedig ihre Renaissance, das Marzipan. Weil Zucker in der Lagunenstadt relativ billig war, konnten venezianische Köche damit verschwenderisch umgehen. Also zerstießen sie ihn und mischten ihn mit Ei sowie zerriebenen Mandeln. Das Ergebnis war das Brot des venezianischen Schutzheiligen Markus, das *marcis pane*. Schon im 14. Jahrhundert waren die Zuckerbäcker Venedigs berühmt für ihre Kunst, aus dem süßen Marzipan Figuren und Skulpturen aller Art zu formen.

Im Grunde handelt es sich bei dem Marzipan um eine griechisch-römische Erfindung. In der Antike galt das Samos des fünften vorchristlichen Jahrhunderts als die Heimat des süßen Mandelteigs. Die Römer opferten ihren Göttern Mandelküchlein, später durften sie auf der christlichen Ostertafel nicht mehr fehlen. Wissenschaftler vermuten deshalb, daß es sich bei dem Marzipan um ein *pane Martius*, ein Märzenbrot handelt. Wie auch immer, das *marcis pane* konnte erst Mitte des 14. Jahrhunderts zum festen Bestandteil des italienischen Süßigkeitenrepertoires werden, als sowohl Zucker billig als auch die Gesellschaft für kulinarische Neuerungen aufgeschlossen war. Nudeln und Marzipan waren die noch ins Mittelalter zurückreichenden Errungenschaften Italiens, durch die die Renaissance der Kochkunst schließlich ihren Anfang nahm. Alles begann mit zwei Namen und einem Bestseller: Der Bischof von Aquileja

hatte einen Maestro Martino aus Como zum Leibkoch. Er schrieb das *Liber de arte coquinaria*, das vielleicht verlorengegangen wäre, hätte es der Leiter der päpstlichen Bibliothek, der Humanist und Literat Platina, nicht 1474 leicht redigiert herausgegeben und ihm noch einige Kapitel über gutes Essen und rechte Lebensweise vorangestellt.
Platina übersetzte das Buch des Meisterkochs Martino ins klassische Latein, so daß es über die Grenzen Italiens hinaus weite Verbreitung fand. In knapp hundert Jahren erschienen über dreißig Auflagen, und das Kochbuch wurde ins Französische, Englische und Deutsche übersetzt. Nebenbei, auch wenn Platina durch die Speisenvielfalt und die neuartigen Zubereitungsmethoden gezwungen war, zahlreiche neue Wörter in das klassische Latein einzufügen, um »Küchenlatein« handelte es sich bei seinem erfindungsreichen und schöpferischen Sprachgebrauch nicht. Der Begriff ist vermutlich eine Erfindung armer Scholaren, die mit knurrendem Magen den gut bezahlten, wohlbeleibten Köchen die Verballhornung lateinischer Namen vorwarfen. Platinas Werk war im besten Stil verfaßt und nach klassischer Tradition auf zehn Kapitel angelegt; es bot einen hervorragenden Einblick in die italienische Küche des 15. Jahrhunderts.
Maestro Martino gab der europäischen Kochkunst einen entscheidenden Anstoß zum modernen Kochen. Die Zubereitung der meisten seiner Gemüse- oder Fleischgerichte war höchst einfach, und Platina versuchte später, die für jedes Nahrungsmittel beste, seiner Eigenart entsprechendste Behandlung zu finden: »Lachs ist ein äußerst geeigneter Fisch, am natürlichsten gekocht, gut aber auch auf andere Art und Weise zubereitet. Für ganze Fische benötigst du große Gefäße, denn jeder Fisch schmeckt besser ganz als in Stücken gekocht.« Wer in historischen Rezepten nach Exotik und Raffinesse Ausschau hält, wird in solchen Neuerungen des Kochens den Fortschritt nicht bemerken.
Platina und Martino nehmen Abschied vom Mittelalter, in dem als gut galt, was teuer und exklusiv war. Nicht jedes Gericht sollte durch reichlich verwendetes, kostspieliges Gewürz zu erkennen geben, wie vornehm und reich der Hausherr war. Prestigeobjekt war nicht mehr ein zäher Adler oder Bärenveteran, die, lange vorgekocht, dann gebraten und mit einer dicken Sauce noch einigermaßen genießbar gemacht, gerne serviert wurden. Statt dessen sollten die reichlich vorhandenen und gut genießbaren Lebensmittel auf möglichst natürliche Art zubereitet werden: Kurz, die neue italienische Küche versuchte, durch »sanftes« Kochen oder Braten und nicht immer sparsames, aber doch gezieltes Würzen den Eigengeschmack von Fleisch und Gemüse zu unterstreichen.
Platina und vielleicht auch schon Martino griffen hierbei auf das in vielen Bibliotheken vorhandene Kochbuch des Apicius und damit auf die altrömische Küche zurück. Allerdings entwickelten sie diese konsequent weiter. Platina und Martino erlagen anders als der altrömische Schlemmer Apicius nicht der Versuchung, zu fast jedem Gericht eine Sauce mit vielerlei Gewürzen zu reichen. Zwar lehnten sie es nicht völlig ab, Speisen wie im alten Rom und auch

Der Küchenmeister

noch wie an den mittelalterlichen Höfen nach Apicius' Motto: »Woraus diese Speise besteht, wird niemand erkennen« zu verfremden. Dazu war das »Essenraten« in der Renaissance ein noch zu beliebtes Gesellschaftsspiel. Aber sie sahen darin die Ausnahme und nicht mehr die Regel.
Auch die Suppe, wie im Hochmittelalter Fleischstücke mit dicker Tunke genannt wurden, nahm nun modernere Formen an. Eine Fleischbrühe bildete ihre Grundsubstanz, dann wurde sie wahlweise mit Eiern, Brotkrumen oder Mandelbrei eingedickt. Diese Suppe glich mit ihren Fleisch- und/oder Gemüsestückchen unserem Eintopf, und sie fehlte bis zum 18. Jahrhundert selten in einem Menüplan.
Unverkennbar war bei Martino auch der Einfluß der arabischen Küche, so bei Saucen, die er mit Rosinen, Pflaumen und Trauben zubereitete, aber auch bei seinen Süßspeisen, die von gezuckerten Äpfeln bis zu Mandelkuchen eine reiche Palette boten. Auch das erste uns überlieferte Rezept für das Risotto zeigt nahöstlichen Einschlag: »Man lasse den Reis in einer Brühe schwach kochen, bis das Wasser aufgesogen ist. Dann etwas stehenlassen, alles mit Safran, Ingwer und Zimt mischen und schließlich drei Eigelb unterrühren.« Dieses Risotto wurde in der Renaissance, als Reis zu einem stetig wachsenden Importgut aus arabischen Ländern wurde, zum zweiten typischen Gericht des neuen Italien.
Von Martino erfahren wir auch, wie Speisen konserviert und gelagert werden können, Methoden, wie Oliven einzusäuern und damit haltbar zu machen sind. Und zu seinen »maccheroni alla siciliana« schreibt er kurz und präzise: »Man rolle den Teig über einen dünnen, eingeölten Stab und ziehe ihn vorsichtig heraus!«
Freilich, auch wenn die neue italienische Küche ländliche Speisen aufnahm, sie tat das nicht schrankenlos. Breis und Pürees aus Getreide und Gemüse, nach wie vor die Hauptnahrungsmittel der Armen, lehnte sie ab. Und einige, heute beliebte Gewürze galten ihr schlicht als unfein: »Knoblauch und Zwiebel gehört zu den Bauern, die es gern essen und für die es gut wegen ihrer Armut und ihrer Arbeit ist.«
War am Ende des 15. Jahrhunderts in Italien der Boden für die Renaissance auch der Kochkunst bereitet, so blieb das Denken der teuer Tafelnden weiter dem Mittelalter verhaftet. Die Festtafel war nach wie vor Zurschaustellung von Prunk und Luxus, wie die Bewirtung Eleonore von Aragóns durch Kardinal Riario, eines Neffen von Papst Sixtus IV., 1483 zeigt:
»Das Bankett begann mit zehn süßen Vorspeisen, dazu wurden vergoldete Orangen und Malvasierwein gereicht. Dieser Imbiß wurde stehend eingenommen, dann wurden den Gästen von Pagen die Hände mit Rosenwasser gewaschen, alles nahm an einem mit vier Tüchern bedeckten Tisch Platz. Trompeten schmetterten, und nun wurden die ersten Gerichte aufgetragen: gebratene Hühner und Kapaune, verschiedene Fische, Kälber, Ziegen, Kaninchen, in Weißwein abgeschmecktes Bries, insgesamt über dreißig Gerichte, selbst das Brot war mit Gold und Silber überzogen. Dazu gab es die seit dem

Mittelalter so beliebten Schaugerichte: Burgen, Schiffe, ein Einhorn, das aus einem Kalbskopf ragte, als Tischschmuck Marzipanfigürchen, die die Taten des Herkules darstellten, eine Anspielung auf den Verlobten Eleonores, Ercole d'Este. Während der zwölf Gänge führten auf einer Bühne Pantomimen und Gaukler ihre Kunststücke auf, verkleidete Schauspieler zeigten Zentaurenkämpfe.«
Die einzelnen Speisen waren besser zubereitet als noch hundert Jahre zuvor, aber die Speisenfolge glich noch sehr jener uns heute sonderbar anmutenden des Mittelalters mit ihren mehr der Sensation als dem Gaumen zuträglichen Überraschungseffekten. Wie im Mittelalter fanden die Gelage der Reichen auch in der Öffentlichkeit auf einer Tribüne und vor dem staunenden Volk statt. Zur Schau gestellt wurden Größe, Macht, aber auch Mildtätigkeit, und dieser Brauch pervertierte in der italienischen Renaissance immer mehr. Das Essen zu Ehren Giulio de Medicis im Jahr 1513 auf dem Kapitol beschrieb ein Chronist folgendermaßen:
»Bald war die Tischgesellschaft vom Essen nicht nur übersättigt, sondern geradezu unpäßlich. Also warfen sie die Speisen in die umherstehende Menge. Aber die Gaffer waren alsbald so vollgestopft, daß sie sich gegenseitig die Zicklein, Kaninchen, Ferkel, Fasane und Rebhühner kreuz und quer über den Platz zuwarfen, dessen geheiligter Boden nun über und über mit den Resten bedeckt war.«
Reichtum – und da waren sich die Fürsten des Mittelalters und der Renaissance durchaus einig – mußte zur Schau gestellt werden. Und zu diesem Ritual gehörte nicht nur, das Volk immer mehr am Luxus teilhaben zu lassen, sondern in immer stärkerem Maß die luxuriöse Geste selbst. Beispielgebend ist ein Hochzeitsbankett, zu dem Leo X., der wohl bedeutendste Medici-Papst, eingeladen wurde. Die Gäste saßen auf der Loggia des Palastes am Tiber, und nach jedem Gang ließ der Bräutigam, wohl auch, um den hohen Gast zu beeindrucken, die benutzten Gold- und Silbergefäße unter den erstaunten Rufen der gaffenden Menge in den Fluß werfen. In der Nacht aber, als die letzten Gäste gegangen waren, holte man das Geschirr wieder aus dem Wasser, vorsorglich aufgespannte Netze hatten es aufgefangen.
Vermutlich ging ein Aufatmen durch die italienische Schickeria, als Pius V., sonst ein eher farbloser Papst, 1566 dem Brauch der öffentlichen Festgelage ein Ende setzte. Er dürfte die verschwenderische Präsentation fürstlichen und kirchlichen Reichtums auch politisch für unklug gehalten haben, war dieser doch Zielscheibe der in Europa um sich greifenden Reformationsbewegung.
Der langsamen Entfaltung verfeinerter Speisenzubereitung folgte in der Renaissance die Verbesserung der Tafelsitten auf den Fuß. Noch aß man auch zu Hofe mit Händen, und nur gelegentlich griff man zum Messer, um Fleisch zu zerteilen, die Stücke aufzuspießen und in den Mund zu führen. Selbst großes Geflügel wurde ganz aufgetragen, und bei den berühmten Gelagen von Cesare Borgia wurden die Fasane noch mit Händen zerrissen. Einer, der sich darüber empörte, war ein gewisser Cristoforo de Messisbugo, der am Hof von

Ferrara eine neue, wenn auch wichtige Funktion ausübte: die des »Vorschneiders«. Nun hatte es dieses Amt schon im Mittelalter gegeben, Messisbugo aber verfeinerte das Zerteilen von Speisen zur Tranchierkunst, wofür ihm Kaiser Karl I. den Titel eines Pfalzgrafen verlieh. Fünfundzwanzig Instrumente und verschiedene Messer und Gabeln dienten ihm dazu, Braten aller Art elegant, zierlich und, ohne sie mit Händen zu berühren, zu zerlegen.

Messisbugo begann, Vorschneider zu Tranchierkünstlern auszubilden. Sie zogen an alle europäischen Höfe, und Italien wurde zum klassischen Land der »Tranchierkunst«. Messisbugo und seine Schüler wurden zu Herolden und Zeremonienmeistern der Tafelkultur. In seinem berühmten Kochbuch *Banchetti, Composizioni di vivande* sind die verschiedenen Chargen, ein Heer von Bediensteten, das der Meister aus Italien dirigierte, aufgezählt:

»Ein oberster Seneschall mit zwei Helfern, deren einer für das Tischdecken, der andere für das Auftragen und Abservieren der Speisen sorgt. Einer, der an Hand eines Verzeichnisses das Buffet überwacht und die Gewürze, Konfekt, kalte Speisen, Zitronen, Oliven, Rosinen nach seiner Liste bestellt. Ein Seneschall, der die Frauen vor und nach der Haupttafel versorgt, ihm zugeordnet ein Mann, der für das Buffet verantwortlich ist, und ein Speisenträger mit zwei Gehilfen ...«

Und so weiter bis hin zu den Mundschenken, den Handtuchträgern oder der Putzbrigade zwischen den Gängen.

Verantwortlich war der Zeremonienmeister auch für das Aussehen der Tafel. Von nun an waren weiße oder farbige Tücher eine Selbstverständlichkeit, ebenso wie Silber- oder Goldgeschirr. Weingläser und Karaffen mußten dekorativ plaziert werden, dazwischen Salzfässer und Gewürzschälchen, und Blumen sowie Marzipan durften als Tischschmuck nicht fehlen. Die Gerichte wurden auf Platten dekorativ angerichtet, oft in Form von Figuren oder Pflanzen, ja man versuchte, ganze Bilder aus Speisen zu komponieren.

Anders als bei den mittelalterlichen Schaugerichten, wurden die Gerichte nicht zu etwas Sensationellem aufgedonnert, sondern Kochkünstler vom Schlage eines Messisbugo arrangierten sie zu einer Art Gesamtkunstwerk. Der italienische Dichter Sperone Speroni fand die treffenden Vergleiche für einen Küchenchef, der seine neue Aufgabe trefflich erfüllt:

»Er sei Dichter, daß er Verse singe, um der Langeweile und Ermüdung zu entgehen. Er sei Geometer beim Auswählen und Anrichten der runden, viereckigen, hellen und dunklen Stücke je nach Gericht und Platte. Er sei Mathematiker beim Zählen seiner Hafen und Töpfe, Maler beim Durchfärben seiner Braten, Saucen und Tunken, Arzt dank seiner Kenntnisse vom leicht und schwer Verdaulichen, auf daß die Speisen in der richtigen Reihenfolge auf den Tisch kommen, und Chirurgus, der gut tranchieren kann. Philosoph sei er im Wissen um die Natur der Speisen, der Jahreszeiten, der mehr oder weniger starken Feuerelemente. Er sei heiter wie seine Kunst, bitter und süß zugleich.«

Bartolomeo Scappi, *Kochen im Freien*

Wissenschaften wie Künste werden zur Charakterisierung des Kochs herangezogen. Was der allseitigen kulinarischen Erneuerung Mitte des 16. Jahrhunderts in Italien noch fehlte, war ein Michelangelo, der die Kochkunst zu höchster Vollendung führte. Und tatsächlich erschien ein solcher Meister auf dem Bankett: Er stand im Dienste von insgesamt sechs Päpsten und hieß Bartolomeo Scappi.

Scappi wurde vermutlich nach 1500 in Venetien geboren. 1536 stand er in Diensten des Kardinals Campeggi. Erstmals schriftlich wurde er als der Schöpfer eines Festmahls für Kaiser Karl V. erwähnt. Papst Paul III. ernannte ihn zum »cuoco secreto«, zu seinem Leibkoch, und 1549 finden wir ihn in den Diensten von Kardinal Carpi, eines der reichsten römischen Kirchenfürsten, wieder.

In das Jahr 1549 fiel ein Ereignis, das den ersten Höhepunkt in Scappis kulinarischer Laufbahn bildete: Im Dezember versammelten sich die Kardinäle zu einem Konklave. Die Tagung zur Papstwahl dauerte über zwei Monate, und da die meisten geistlichen Würdenträger Gourmets und Gourmands waren, spielte das Essen eine bedeutende Rolle. Schon der Transport der Speisen in den Vatikan war mit einigen Schwierigkeiten verbunden. Scappis Diener trugen die fertigen Gerichte in scharlachroten, mit den Wappen der Kardinäle geschmückten Körben heran. Eine Reihe von Bischöfen untersuchte die Speisen auf das genaueste, so daß mit dem Essen keine schriftliche Botschaft die Kardinäle erreichte oder verließ. Wie Scappi berichtete, waren Pasteten verboten, da sie sich besonders gut dazu eigneten, Nachrichten mitzubacken. Nach strenger Kontrolle wurden die Speisen endlich für die Durchreiche des abgeschlossenen Wahlsaals freigegeben. Ohne Scappi, so meinten Spötter später, wären die Kardinäle mit ihrer Ernennung des neuen Papstes wohl viel schneller fertig gewesen. Auf jeden Fall müssen die Kreationen des Meisters so gut geschmeckt haben, daß sich von nun an alle Päpste Scappis Dienste versicherten. 1570 erschien, mit päpstlichem Segen sowie allen Privilegien, die vor unerlaubtem Nachdruck schützen sollten, das Buch *Opera di Bartolomeo Scappi, maestro dell'arte del cucinare, cuoco secreto di Papa Pio Quinto divisa in sei libri.*

Auf dem Titelbild des sechsbändigen Kochbuchs, das mit dem Namen des Papstes warb, prangte das Bild seines langbärtigen, wohlbeleibten Verfassers. Gab Platinas Werk erste Anstöße zur kulinarischen Erneuerung, lag nun das erste große Lehrbuch der Renaissance-Küche vor. Ein fiktives Gespräch zwischen dem Meister und seinem Lehrling leitet das erste Buch ein. Der Leser erhält einen ganzen Sack voller guter Ratschläge:

»Ein weiser und guter Koch, so habe ich durch lange Erfahrung gelernt, gleicht einem begabten Architekten. Dieser errichtet nach einer gekonnten Zeichnung zuerst starke Fundamente. Auf ihnen läßt er nützliche und prächtige Gebäude ruhen, die er der Welt schenkt. Die Zeichnung des Kochs sei eine schöne und sichere Ordnung. Das erste Fundament aber sei seine Kenntnis und Fertigkeit in den verschiedenen Zubereitungsarten. Er muß über alle Fleisch- und Fischarten, alle Vierfüßler und Vögel, alle Meeres- und Süßwasserfische Be-

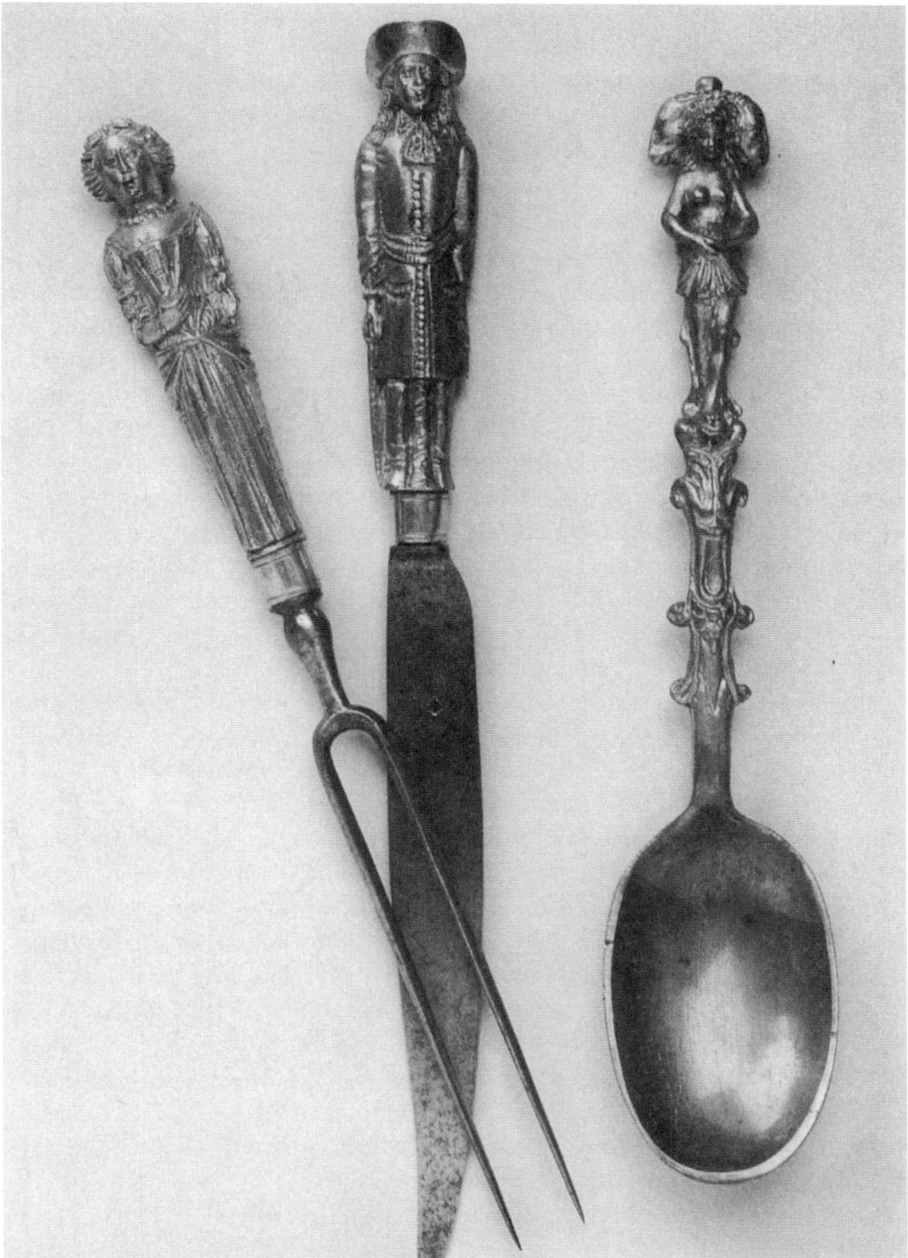

Gabel, Messer, Löffel, Griffe aus vergoldeter Bronze, allegorische Figuren darstellend

scheid wissen, aber auch darüber Auskunft geben können, welche man am besten brät oder kocht, welche man anderweitig verwendet, wie lange es braucht, um sie mürb zu machen, und wie man sie aufbewahrt.«
Scappi erfüllt diese Voraussetzungen eines guten Kochs selbst am besten. Manche seiner Techniken entsprechen durchaus solchen der klassischen europäischen Küche des 19. Jahrhunderts, er war in jeder Hinsicht ein Reformer. Er kannte nicht nur das Schmoren und Pochieren, er liebte auch Marinaden. Hühner etwa legte er in Weißwein, Essig und Gewürze ein, kochte sie langsam in einem Schmortopf, und erhielt so eine feine Sauce. Er füllte Kuchen mit Artischockenböden, Erbsen oder anderen Gemüsen, erfand die »Zabaglione«, füllte Süßspeisen mit Quark oder Weichkäse, und er verwendete Parmesan zum Bestreuen. Viele seiner Gerichte waren alla Lombarda, Toscana oder Bolognese, aber er hatte auch die ausländischen Küchen studiert. Forellen reichte er auf »Müllerinnen Art«, wie wir heute sagen würden, und Kuskus bereitete er maurisch, »alla moresca« zu. Überhaupt beschäftigte er sich mit der arabischen Backkunst eingehender als sein Vorgänger Martino, der von den arabischen Teigen lediglich den aus Mehl, Eiern und Wasser gekannt hatte. Scappi gibt in seinem fünften Buch zweihundert Rezepte mit mehr als einem Dutzend verschiedener Teigsorten an, vom Urahnen des Blätterteigs bis zum Hefekuchen mit Rosenwasser, Datteln und Mandeln.
Scappi erschloß aber noch ein anderes Gebiet für die italienische Renaissance-Küche, die »credenza«, kalte Gerichte von Pastete und Würsten bis zu Schellfisch und anderen *antipasti,* die er mit verschiedenen Süßspeisen kombinierte. Er war hierbei wie bei allen anderen seiner Festmähler Schüler Messisbugos. Das dekorative Aussehen hatte für ihn gleichen Rang wie der Gaumengenuß. Anstelle von derber Üppigkeit prunkte der moderne Renaissance-Mensch mit sorgfältig gekochten, fein zusammengestellten und für das Auge schön angerichteten Speisen. Daß die italienische Schickeria dabei zur Übertreibung neigte, war nur allzumenschlich. So schlossen sich reiche Kaufleute und Künstler zu kulinarischen Vereinigungen zusammen. Die Mitglieder der »Compagnia della Cazzuola«, der Kompanie von der Kasserolle, verkleideten sich einmal als Bauarbeiter und verklebten ein aus Brotziegeln und süßen Zuckersteinen erbautes Häuschen mit Lasagne. Der Maler Andrea del Sarto von der »Gemeinschaft vom großen Kessel« bewirtete seine elf Kollegen in einem Tempel aus Wurstsäulen und Parmesanpfeilern. Der besondere Clou dabei war ein Gesangbuch aus Lasagne mit Pfefferkörnernoten. Es lag auf einem Pult aus Kalbfleisch.
Wenig Verbreitung fand dagegen zunächst die durchaus nützliche Erfindung des Gourmets Leonardo da Vinci. Er hatte einen Spieß kreiert, den die Hitze des Feuers antrieb. Und die staunenden Gäste aus dem Resteuropa, das bis auf einige deutsche Städte mit den Veränderungen der Eßkultur nicht mithalten konnte, mußten sich noch mit einer anderen Absonderlichkeit vertraut machen. Sie beschrieb der französische Reiseschriftsteller Michel de Montaigne:

»Vor jene Personen, denen eine besondere Ehre erwiesen werden soll, stellen sie große silberne Platten. Darüber liegen eine vierfach gefaltete Serviette, Brot, Messer, Löffel und Gabel.« Auch der Brite Thomas Coryte wunderte sich über den Brauch, »... der sonst in keinem anderen Land der Christenheit geübt wird. Die Italiener benutzen beim Essen von Fleisch eine kleine Gabel, allwelche ihnen beim Schneiden des Fleisches behilflich ist, dergestalt, daß sie mit einer Hand das Messer halten, sich ein Stückchen abschneiden, welches sie dann mit der Gabel in der anderen Hand aufspießen.«
Die Einführung der Gabel wurde sicher auch durch die Mode jener Zeit begünstigt. Ohne sie – vorausgesetzt, man konnte mit ihr umgehen – hätten die meisten steifen, weißen Halskrausen nach dem Essen sicher reichlich unappetitlich ausgesehen. Neu war aber eben auch, daß jeder eine Eßplatte für sich hatte und sie nicht mehr mit dem oder mehreren Nachbarn teilen mußte, ja gelegentlich sogar für jede neue Speise einen neuen Teller erhielt. Dichter registrierten solche Modernisierungen oft nicht ohne Spott:

»Früher aß man die Suppe
Einfach in der Schüssel und ohne Zeremonie,
Und seinen Löffel
Wischte man oft am gekochten Huhne ab.
Ins Frikassee von damals
Tauchte man Brot und Finger ein.
Heute ißt jeder seine Suppe in einem Teller,
Man muß sich höflich bedienen
Mit seinem Löffel und der Gabel.
Ebenso erhält man Servietten, sich abzuwischen.«

Italien im 15. und 16. Jahrhundert, das waren Beginn und erster Höhepunkt der Renaissance der europäischen Kochkunst, das war Verfeinerung der Bankette und der Tischsitten. Bartolomeo Scappis Werk erlebte viele Auflagen, und fünfzig Jahre nach seiner Veröffentlichung erschien es in französischer Übersetzung. Zu dieser Zeit wurde es in Italien selbst nicht mehr gedruckt. Der Reichtum des Landes schwand im Hader der einstmals blühenden Städte dahin, und Frankreich übernahm die führende Rolle in Wissenschaft, Technik und Kultur. Was Italien blieb, waren gute Regionalküchen und der Ruhm, der europäischen Kochkunst die entscheidenden Impulse gegeben zu haben.

Paris wird eine Reise wert ...

»In den Städten und sogar in den Dörfern findet man Bratköche und Pastetenbäcker, die allerlei fertige Gerichte verkaufen oder zumindest so vorgerichtet, daß man sie nur zu kochen braucht. Kapaune, Rebhühner, Hasen kosten gespickt und gebraten weniger, als wenn man sie lebend auf dem Markt oder in der Umgebung von Paris kauft. Der Preis der Nahrungsmittel ist nicht hoch, denn die Franzosen geben für nichts so gerne Geld aus wie für gutes Essen. Es gibt deshalb dort so viele Fleischer, Bratköche, Wiederverkäufer, Gastwirte, Schankwirte, daß man sich buchstäblich nicht zurechtfindet. Die Bratköche und Pastetenbäcker bereiten in weniger als einer Stunde ein Mittag- oder Abendessen für zehn, ja für hundert Personen. Der Bratkoch liefert das Fleisch, der Pastetenbäcker die Pasteten, Torten sowie Vorspeisen, und der Koch macht Gelees, Ragouts und Saucen.«

Der das im Jahre 1577 schrieb, war Venedigs Gesandter am französischen Hof, und er mußte etwas vom Essen verstehen, galt die Lagunenstadt damals doch noch als das Mekka der Feinschmecker. Aber zumindest in Sachen der Quantität waren Frankreich und sein Zentrum Paris jetzt schon dabei, Venedig diesen Rang streitig zu machen, die Eßlust stieg und stieg.

Frankreichs Weg zur »grande cuisine« war dennoch steinig. Zwar lebte im Paris des 14. Jahrhunderts der erste große europäische Koch Taillevent, aber mit dem Hundertjährigen Krieg, der Pest und Hungersnöten, die fast ein Drittel der Bevölkerung hinwegrafften, waren schwere Zeiten für Frankreich gekommen. Erst gegen 1560 hatte Frankreichs Bevölkerung wieder die Größe des 13. Jahrhunderts erreicht, seine Einwohnerschaft betrug wieder zwischen 15 und 18 Millionen Menschen. Im letzten Viertel des 15. Jahrhunderts begann ein Prozeß, an dessen Ende die Könige nahezu die absolute Gewalt über ihr Reich gewonnen hatten. Sie sorgten für Handel, Aufschwung sowie Steuern, und allmählich stellte sich wieder Wohlstand ein. Weltlicher und geistlicher Adel hatten nun Zeit und Geld, sich der Kochkunst zuzuwenden. Experimentierbühne des Kochens wurde die brodelnde Stadt Paris.

Zu Beginn des 16. Jahrhunderts lebte gut eine Viertel Million Menschen im Zentrum Frankreichs, eine für damalige Zeiten gewaltige Zahl. Im Gegensatz zu den oft verarmten Landadeligen und den Bauern waren die Städter durch den Verkauf von Goldschmiedearbeiten sowie den Handel mit Gewürzen und einer Vielzahl anderer Waren, für den Paris die Drehscheibe zwischen Süd, Nord und Ost bildete, reich geworden. Wichtigstes Exportgut waren Stoffe und Tücher, die zunehmend in Manufakturen hergestellt wurden.

Paris bot im 15. Jahrhundert ein merkwürdig faszinierendes Bild: Inmitten eines Waldmeeres drängten sich Häuser zwischen verwinkelten Gassen dicht aneinander. Eine hohe Stadtmauer umgab ein Feldergürtel. In der Stadt vier Brücken, auf denen Mühle neben Mühle stand, inmitten von Paris plötzlich Äcker, kleine Hühnergärten und Schweineställe. Alles spielte sich auf der Straße ab, denn die Wohnungen waren eng. Paris, so schilderten es alle Besucher, war ein einziger Markt mit einem Zentrum, »Les Halles«.

Die Pariser Markthallen wurden schon im ausgehenden 12. Jahrhundert unter Philipp II. erbaut, und aus den ursprünglichen zwei Hauptgebäuden entwickelte sich schnell ein riesiger florierender Markt. Bald wurden zusätzlich

Bretterbuden und Schuppen errichtet, so daß das Marktgelände mit einer großen Mauer umgeben werden mußte, deren Tore nachts geschlossen wurden. Tagsüber ließen sich Kleinhändler und Bauern auf dem Boden nieder. Auswärtige Kaufleute mieteten feste Plätze, mit Fleisch wurde nun Fisch und anderes Lebendvieh angeboten. 1551 brannten die Markthallen ab, doch sie waren so beliebt und wichtig geworden, daß sie am selben Ort und fast in gleicher Form wieder aufgebaut wurden. Schon am Ende des 15. Jahrhunderts konnte man in Paris reichlich erwerben, was das Land an Korn, Gemüse, Fleisch und Fisch bot. Die Handelswege waren nach allen Seiten unter dem Schutz der Könige ausgebaut worden. Frankreich war damit reif für die Renaissance der Kochkunst, es mußte nur noch ein Impuls von außen kommen. Karl VIII., der, von Eroberungsgelüsten getrieben, in Italien eingefallen war, mußte sich zwar wieder schmählich zurückziehen, brachte aber immerhin Parmesan und Makkaroni mit nach Frankreich. Wichtiger war aber, daß nun das Standardwerk der italienischen Küche ins Französische übersetzt wurde, das *Liber de arte coquinaria*. Die französischen Könige höchstpersönlich begannen, die Eßkultur zu fördern.

Wuchsen bisher Küchenkräuter, Zwiebeln, Bohnen, Salate, Kohl und Kraut in jedem Hausgärtlein, so machten königliche Gärtner nun Wirsing, Mangold, Pastinaken und Radieschen zu einem Muß für jeden Gartenbesitzer. Auf allerhöchsten Erlaß wurde der Spargel veredelt, und man züchtete neue, bessere Sorten. Die größten Fortschritte wurden aber zunächst in der Obstveredelung errungen. Neue Äpfel- und Birnensorten kamen auf den Markt, unterschiedliche Nußbäume wurden kultiviert sowie neue Kirsch-, Pfirsich-, Pflaumen- und Aprikosenbäume eingeführt und Boden sowie Klima angepaßt.

Als Bauern die Züchtung einer besonders wohlschmeckenden Pflaume gelang, nannten sie sie nach der Gemahlin von König Franz I., »Reineclaude«. Etwas weniger berühmt als sie wurde die »Katharinenpflaume«, um so mächtiger aber war die Königin, der sie gewidmet war, Katharina de Medici. Sie kam aus Florenz, der Wiege der Renaissance, und ohne ihren Einfluß wäre der Aufschwung der französischen Küche nicht denkbar gewesen. Katharina de Medici brachte in ihrem Gefolge nicht nur, wie die Fama sagt, Giftmischer mit an den französischen Hof, sondern auch zahlreiche Köche. Sie erregten in Paris ungeheures Aufsehen. Jeder, der etwas auf sich hielt, wollte wie »la Reine Catharine« speisen.

Die ehrgeizige, kulinarisch verwöhnte, zugleich aber gefräßige Königin setzte die Kunst ihrer Küche dafür ein, ihren Einfluß zu stärken. Sie gab Festessen, die, wie ihre Kritiker nicht zu erwähnen vergaßen, mehr als hunderttausend Goldstücke wert waren: »Bei diesen Gastmählern hatten die schönsten und ehrenhaftesten Hofdamen Dienst, sie waren halbnackt und mit aufgelöstem Haar wie Jungvermählte.« Entsprangen diese frivolen und sittenlosen Beigaben vielleicht bloß der Phantasie ihrer Gegner, so mußten die Geladenen doch die Ragouts aus Geflügelklößchen, die mit feinen Saucen bestrichenen Ar-

tischockenböden, die lecker zubereiteten Hahnenkämme oder die Kalbs- und Schweinsleberwürstchen, die Katharina de Medici auftragen ließ, gerühmt haben. Neider erzählten, sie selbst aß oftmals »so viel, daß sie beinahe platzte.« 1549 gab die Stadt Paris für die Königin ein Festbankett. Aufgetischt wurden unter anderem: »33 Rehbraten, 33 Hasen, 66 Kaninchen und 6 Schweine. 9 Kraniche, 21 Pfauen, 33 Graureiher und 33 Silberreiher, 99 Wald- und 99 Turteltauben, 66 Suppenhühner, 66 Truthähne, 66 Birkhühner, 30 Kapaune und 99 in Essig gelegte Hähnchen, 3 Scheffel Bohnen, 3 Scheffel Erbsen und 12 Dutzend Artischocken.« Auch für knapp tausend Geladene war das nicht wenig. Natürlich mußten sämtliche Speisen der streng katholischen und abergläubischen Katharina zuliebe durch die heilige Zahl drei teilbar sein.
Jenseits aller kulinarischen Anekdoten änderte sich mit der Renaissancefürstin auch das Aussehen der französischen Tafel. Statt schwerer Pokale standen nun zierliche Gläser auf den Tischen, die nach dem Vorbild der Glasarbeiten des venezianischen Murano hergestellt wurden. Und weil es nicht immer kostspieliges Gold- und Silbergeschirr sein sollte, dirigierte der Hof mit einer Emailschicht überzogene Schalen und Teller aus Ton nach Paris. Das Geschirr war das Fayence, das, im italienischen Faenza hergestellt, Berühmtheit erlangte. Vor allem aber, Katharina brachte einen in Florenz längst eingeführten Gegenstand mit, die Gabel – und das, obwohl ihr Mann und seine Tischgenossen sich mit diesem neuen Utensil schwertaten, wie ein Chronist hämisch zu berichten wußte:
»Sie führten die Gabel bis in den Mund, wobei sie Hals und Leib über den Teller beugten. Und es war ein Vergnügen, sie mit ihren Gabeln essen zu sehen, denn diejenigen, die nicht so geschickt waren wie die anderen, ließen ebensoviel auf den Teller, die Schüssel und auf den Boden fallen, wie sie in den Mund brachten.«
Kein Wunder, daß Katharina den obligatorischen Gebrauch der Gabel erst bei ihrem Sohn Heinrich III. durchsetzen konnte. Der König ordnete ihre Verwendung per königlichen Erlaß an, damit »reinlich gespeist« werden könne, wie es in dem Ukas hieß.
Er hatte recht, denn – wie bereits erwähnt – nur mit dem langstieligen Suppenlöffel oder eben der Gabel war der Weg zum Mund über die überdimensionalen Halskrausen einigermaßen zu überwinden, ohne verräterische Eßspuren darauf zu hinterlassen.
Wie schon in Italien verfolgten die jungen Künstler die kulinarischen Veränderungen mit Begeisterung. Einer der berühmtesten literarischen Zeitzeugen in der ersten Hälfte des 16. Jahrhunderts war der Dichter Rabelais. In seinem Roman *Gargantua* schwärmte er von »hochmontierten Braten«, worunter er Störche, Kraniche oder Schwäne verstand. Noch berühmter wurde seine Geschichte *Le pays de Cocagne*, in der er den Traum des Küchenjungen Cocagne, all die Speisen, die in seiner wohlausgestatteten Küche zubereitet wurden, einmal selbst essen zu können, beschrieb. Nicht nur Küchenjungen, auch die mei-

Sebastian Stoßkopf, *Die vier Elemente*, Straßburg 1633

sten Künstler träumten davon, waren sie doch, wenigstens in ihren Anfängen, nicht selten Hungerleider.
Literarische Zeugnisse bilden die Veränderung der französischen Küche des 16. Jahrhunderts sehr genau ab: Deutlich ist zu sehen, wie sich die toskanische Küche in Paris durchsetzt. Im Gegensatz zum Mittelalter wurde nun auch in Pariser Küchen nicht mehr so stark gewürzt. Kräuter, die den Eigengeschmack der Speisen hervorhoben, setzten sich durch. Auch wenn an der Hoftafel immer noch Fleisch- und Bratenpyramiden dominierten: Alles wurde leichter. Es wurde nicht mehr nur gebraten und gekocht, nun wurde auch geschmort, gedämpft und eingelegt. Der Bratensaft begann als Grundlage für pikante Saucen zu fungieren, Salat und Melone kamen als Vorspeise auf den Tisch, ein Täubchen als Appetitanreger, die Orange verdrängte die bittere Pomeranze, Köche begannen, Früchte zur Verfeinerung ihrer Saucen zu verwenden, womit sie erfolgreich eine über Italien aus der islamischen Welt gekommene Idee aufgriffen. Die französische Suppe näherte sich dem an, was wir heute darunter verstehen, aus der italienischen Minestrone wurde der allseits geschätzte »Pot-au-feu«.
Besonders beliebt aber waren in Frankreich Zuckerbäckereien, die noch den Duft Italiens verströmten. Das erste Buch über Naschwerk erschien 1541 in Venedig, und noch im selben Jahr wurde es ins Französische übersetzt. Zehn Jahre später stellte ihm Frankreich ein eigenständiges Werk mit dem Titel *Ein ausgezeichnetes, überaus nützliches Büchlein für alle, die zahlreiche köstliche Rezepte zu erfahren suchen* zur Seite. Der Autor war ein berühmter Mann, der lange am Pariser Hof lebte, der großen Einfluß auf Katharina de Medici ausübte und dem wir heute alles andere als ein Kochbuch zutrauen: Michel de Notre-Dame, besser bekannt als Nostradamus, dessen scheinbar so oft zutreffende Prophezeiungen die ganze europäische Gesellschaft von damals erregten.
Aus Nostradamus' Feder flossen zauberhafte Rezepte, und seine Zubereitungsmethoden für Konfitüren und kandierte Früchte erregten besondere Aufmerksamkeit, obgleich sich seine Fruchtgelees nur reiche Leute leisten konnten, denn immer noch war in Frankreich Zucker teuer. Aber seine Methode, Obst anders als durch Trocknen zu konservieren, war revolutionär. Die kandierten Früchte, die »trockenen Konfitüren«, wie er sie selbst nannte, bildeten nun den denkwürdigen Abschluß von jedem Menü.
Verlassen wir für kurze Zeit den glanzvollen Pariser Hof, wie es die meisten Adeligen regelmäßig tun mußten, weil das Leben dort sehr teuer war. Die Könige gestatteten ihren Edelleuten, in »Vierteln« zu dienen. Für sie bedeutete dies, drei Monate in Paris und die restlichen neun auf dem Land zu verbringen, wo sie auf den Latifundien nach dem Rechten sahen. Mit der königlichen Verfügung wurde noch ein anderes Ziel erreicht: Der aufwendige Pariser Lebensstil zwang die Grafen, Barone und Ritter, sich um die Landwirtschaft zu kümmern und sie zu modernisieren. Für sie selbst waren nur auf diese Weise

Gewinne für das kostspielige Leben am Hof zu erzielen, und auch das Landleben wurde erst dadurch lebens- und liebenswert.
Die Landschlösser Frankreichs gleichen sich sehr: Rechts und links von dem ummauerten Herrenhaus lagen die Wirtschaftsgebäude mit ihren Ställen, davor der Gemüsegarten, im windgeschützten Süden die Blumenbeete. Überall fand man Bienenstöcke, Taubenschläge mit dem damals hochwertigsten Dünger, Gehege für Federvieh und Kaninchen. Korn und Fleisch brachten allerdings nach wie vor Bauern zu den Fürstenresidenzen. Sie mußten zu den Naturalien nach und nach auch Geldabgaben leisten.
Wie schon in Italien kam es nun auch in Frankreich zu einer Art landwirtschaftlicher Revolution, von der Charles Etiennes Bestseller *Die Landwirtschaft und das ländliche Haus* aus dem Jahr 1564 einen besonders guten Eindruck vermittelt. Natürlich finden wir selbst bei ihm noch einige ganz dem Mittelalter verhaftete Ratschläge wie diesen: »Willst du guten Spargel erhalten, dann vermenge die Erde mit gestoßenem Widderhorn. Du kannst aber auch diese Hörner eingraben, wenn du sie vorher durchbohrst.« Doch im allgemeinen zeigt sich Etienne auf der Höhe der Zeit. Für den Weinbau empfahl er leicht steinige Erde, und er wußte, daß sich Erde ohne Düngung von Mal zu Mal verbraucht. Er gab Methoden zur Schädlingsbekämpfung an und empfahl die Reinhaltung der Ställe, auch der Schweineställe, was seine Landsleute verwunderte. Seine Anleitungen zur Bienenzucht und Honigernte galten bis ins 19. Jahrhundert als vorbildlich. Schließlich faßte er Erfahrungen im Obstbau, wie sie in Italien und Frankreich gesammelt worden waren, zusammen. Er schlug vor, »Baumschulen« einzurichten, und er beschrieb im Detail Methoden zur Veredelung sowie Vermehrung von Obstbäumen durch Stecklinge und Schößlinge.
Etiennes Werk war das erste einer Reihe von Büchern über Agrikultur, die im Frankreich der Renaissance auf den Markt drangen. Sie forcieren und spiegeln die Neuerungen, werden zu Standardwerken und nützlichen Ratgebern einer sich systematisch modernisierenden Landwirtschaft, ohne die die kulinarische Renaissance in dem beschriebenen Ausmaß nicht möglich gewesen wäre, auch wenn deren Zentrum noch lange Paris bleiben sollte.
Einen weiteren Anstoß in dieser insgesamt lernfreudigen und aufnahmebereiten Zeit erfuhr die Kochkunst durch die Neue Welt. In der Mitte des 16. Jahrhunderts aßen zuerst Madrid, dann Paris und bald ganz Europa »Welschkorn«, den 1532 von Pizarro aus Amerika eingeführten Mais. Daneben war das »indianische Huhn«, der Truthahn, ein besonderer Liebling der Feinschmecker. Er durfte in Paris von etwa 1550 an bei keinem Festmahl mehr fehlen.
Am Ende des 16. Jahrhunderts übernahm noch einmal Italien die Herrschaft über Frankreichs Küche: Maria, eine zweite Medici, heiratete König Heinrich IV. Michel de Montaigne, der erste bedeutende Gastrokritiker des modernen Europa, berichtet von einem Gespräch mit dem Leibkoch des Kardinals Caraffa, des Beichtvaters der Königin:

Italienische Küche in einem vornehmen Haus

»Er erklärte mir die Unterschiede des Appetits, er sprach von jenem, den man vor Tisch empfindet, und einem anderen, der zwischen dem zweiten und dritten Gericht noch vorhanden ist, er wußte die Mittel, ihn anzureizen. Mit magistraler Würde hielt er mir einen Vortrag über die Wissenschaft der Speisen, zuerst generell über die Zusammensetzung der Saucen, dann beschrieb er in allen Einzelheiten die Natur der Ingredienzen und deren Wirkungen; er erklärte die Verschiedenheit der Salate, je nach Jahreszeit, welche gewärmt und welche kalt serviert, wie sie garniert und geschmückt werden sollten, damit sie das Auge erfreuten. Daraufhin legte er die Folge der einzelnen Gänge mit klugen, trefflichen Überlegungen dar, in einer gehobenen, wohltönenden Sprache, wie sie im allgemeinen für den Regierungsbericht eines Kaiserreichs üblich ist.«

Kochen und Servieren waren eine Wissenschaft geworden, darüber vermag auch die leichte Ironie in Montaignes Bericht nicht hinwegzutäuschen. Sie zeigt aber, daß die Franzosen Speisenfolge und Zeremoniell nicht ganz so ernst wie die Italiener nahmen, zumindest noch nicht. Dafür sorgte auch Frankreichs oberster Esser Heinrich IV., der neben raffinierten Gerichten auch die Regionalküche seiner Jugend schätzte und förderte. Er liebte den »Pot-au-feu« seiner Schwiegermutter Katharina de Medici über alles und rief aus: »Ich möchte es – so Gott mich noch am Leben läßt – so weit bringen, daß jeder Bauer in meinem Königreich sonntags ein Huhn im Topfe hat.«

Ein sympathischer Ausruf, aber dieses Ziel erreichte Heinrich IV., auch wenn er die Landwirtschaft besonders förderte, nicht. Der König liebte das Essen und mehr noch die Frauen, Historiker bringen es auf die stolze Zahl von fünfundsechzig Mätressen. »Le-Vert-Galant«, der Frauenjäger, wie sein Spitzname im Volk lautete, begegnete den Vorhaltungen der Kirche einer weitverbreiteten Anekdote nach mit einem kulinarischen Vergleich:

»Als ihm wieder einmal der Beichtvater seinen Lebenswandel vorhielt, zeigte sich Henri Quatre zerknirscht. Er bat den Priester, von nun an täglich mit ihm zu speisen und ihn dabei im Gespräch auf den rechten Weg zurückzuführen. Der König wußte, daß die Leib- und Magenspeise des Klerikers Rebhühner waren, die er ihm von nun an morgens, mittags und abends vorsetzen ließ. Zehn Tage hielt der Geistliche durch, dann meinte er verzweifelt, ›toujours perdrix‹, immer nur Rebhuhn, das könne kein Mensch aushalten. Worauf der König antwortete: ›Aber von mir verlangen sie, daß ich jeden Tag mit meiner Frau verbringe. Ein Mann braucht Abwechslung, auch bei seiner Lieblingsspeise.‹«

Am Hof Heinrichs IV. und seines Nachfolgers Ludwig XIII. wurde oft und gern getrunken, natürlich Wein. Beide Könige besaßen große Weinberge, und sie wollten, daß der Rebensaft auch unters Volk kam. Ähnlich wie in Deutschland hatte sich auch in Frankreich die mittelalterliche Sitte erhalten, alle Verträge und Handelsabschlüsse zu begießen und sich bei Feierlichkeiten zuzuprosten. Auf diese Weise wurde Wein Alltagsgetränk, und statt des Huhns hatten die Bauern vermutlich an Sonn- und Feiertagen stets ihren Landwein auf dem Tisch.

Reich und Arm trank jungen, einjährigen Wein, da man sich noch wenig auf die Lagerhaltung verstand. Der Adel bevorzugte bestimmte Weinsorten, so mußte der französische Wein aus der Champagne sein, und importiert wurden ausschließlich der Malvasier und der schwere Rheinwein. Lieblichere Weine wurden zum Dessert gereicht, abenteuerlich gesüßt wie der »Hippokras«, das Lieblingsgetränk der französischen Renaissance. Sein Rezept lautet folgendermaßen: »Man zerstoße ein Pfund Zucker, mische ihn mit Zimt und

Ingwer, füge drei Schoppen Wein dazu und lasse alles einen halben Tag stehen. Man gebe das Gemisch durch ein Sieb und füge Mandelmilch hinzu.«

Auch Liköre bereicherten nun die Tafel, Katharina de Medici hatte aus Italien den Maraschino mitgebracht. Von einer Trinkkultur zu sprechen, wäre jedoch verfrüht, alles wurde wild und willkürlich durcheinander getrunken, Versuche, Speisen und Getränke aufeinander abzustimmen, blieben kläglich. Vieles der französischen Renaissance-Kochkunst glich einer Puppe, die sich bald zu einem wunderbaren Schmetterling entfalten sollte. 1651, auf der Schwelle zu dieser neuen Zeit und dreihundert Jahre nach dem Werk Taillevents, erschien das zweite wichtige Kochbuch Frankreichs. Sein Titel lautete schlicht, aber anspruchsvoll: *Le cuisinier François*. Verfasser war der um 1615 geborene François Pierre de la Varenne, Küchenchef des französischen Marschalls Marquis d'Uxelles. Varenne war nicht nur genialer Koch, sondern auch leidenschaftlicher Rezeptsammler. In seinem Buch, das bis 1720 über dreißig Auflagen erlebte, verband er die italienische Kochkunst mit den Regionalküchen seines Landes. Das Ergebnis war das erste Standardwerk der klassischen französischen Küche.

Varenne war Propagandist der leichten Speisen. Seine Rezepte sollten dabei helfen, das Aroma der Nahrungsmittel zu bewahren, ihre Verfremdung durch möglichst viele exotische Gewürze lehnte er vehement ab, er plädierte dafür, sie gezielt und sparsam einzusetzen. Für die Zubereitung eines Omeletts verwendete er wenige frische Kräuter, das mit Fleisch- und Speckstückchen angereicherte, üppig gezuckerte Eier-Milch-Mehl-Gemisch des 14. und 15. Jahrhunderts war ihm verhaßt. Fleisch zerlegte er säuberlich, nur die guten Stücke briet er, die anderen garte er langsam, oder er kochte sie ein.

Besonders am Herzen lagen Varenne die Saucen. Sein erstes Rezept gibt deshalb an, wie ein guter Fond herzustellen ist, bei Varenne finden wir das Rezept der »bouillon Roux«, der blonden Mehlschwitze, Grundlage für jede weiße Sauce. Der Meisterkoch verfeinerte seine Saucenbinder mit Trüffel, Pilzen oder Mandeln. Übrigens, er verbot seinen Franzosen ihren bisher üppigen Umgang mit Knoblauch und erlaubte ihnen nur einen »Hauch«.

In *Le cuisinier François* finden sich so bekannte Gerichte wie das »bœuf à la mode« oder »œufs à la neige«. Varenne verwendete als erster Eiweiß zum Klären von Gelees, er kannte Möglichkeiten, Schwanz, Zunge, Füße oder andere bislang nur von den Ärmsten der Armen gegessene Tierstücke pikant zuzubereiten. Zwar ist Gemüse für ihn vor allem eine Beilage, aber er brauchte es auch vermehrt für Füllungen. Bei ihm finden wir die Blumenkohl- oder Spargelcremesuppe. Kurz, Varenne faßte die Ergebnisse der französischen Renaissance-Küche meisterhaft zusammen und wurde damit zum Vater der modernen Kochkunst.

1778 starb der Koch als armer Mann, vergrämt und von jüngeren kulinarischen Himmelsstürmern kritisiert. Wie kann man nur, so spotteten sie, so altertümliche Gewürze wie Ambra und Muskat benutzen? Und wird dieser Varenne nicht seinen eigenen Prinzipien untreu, wenn er pikante Speisen mit Zucker

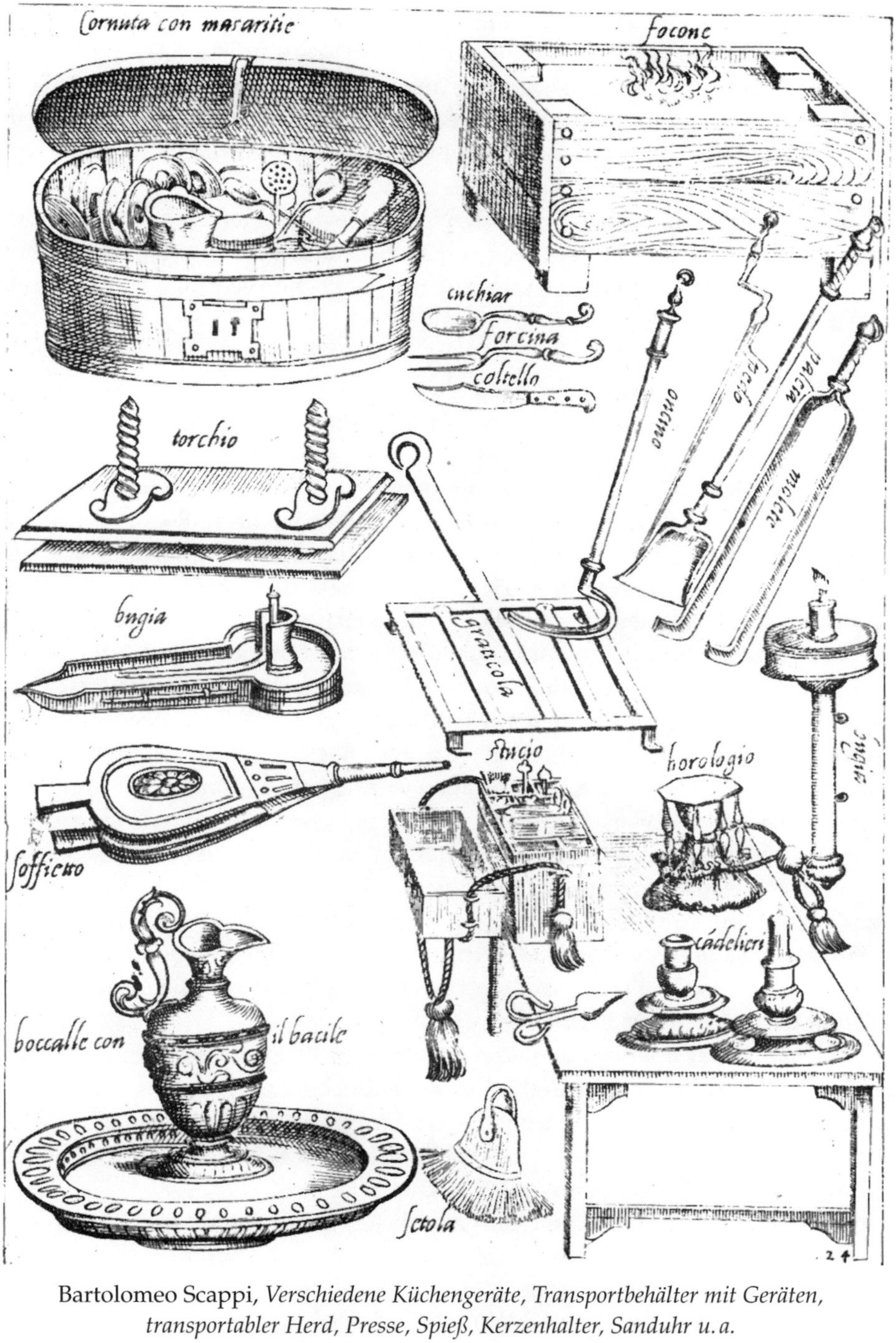

Bartolomeo Scappi, *Verschiedene Küchengeräte, Transportbehälter mit Geräten, transportabler Herd, Presse, Spieß, Kerzenhalter, Sanduhr u. a.*

würzt? Seine Pasteten erst, welch alter Zopf! Tatsächlich hatte der einstige Meister das Pech, mit Béchamel, dem Küchenchef von Ludwig XIV., und Vatel, dem Koch des Prinzen Condé, jüngere und kreative Kollegen zu haben. All die historisch betrachtet vielleicht unbedeutenden Sünden wurden ihm nun von den neuen Philosophen der Kochkunst vorgehalten, deren bedeutendster Vertreter Brillat-Savarin war.
Varenne war, als Ludwig XIV. die Regierung fest in seine Hände nahm, der letzte große Vertreter der Renaissance-Küche und bereits hoffnungslos altmodisch. Mit dem Sonnenkönig kamen die Sonnenköche, die große Zeit der französischen Küche begann nun erst richtig …

Renaissance-Küche in Deutschland

»Nie habe ich schlechter gegessen und länger gewartet als in deutschen Gasthäusern. Tritt man ein, so läßt sich niemand blicken, auf daß keiner auf den Gedanken käme, man sei auf Gäste angewiesen. Hat man lange genug geschrien, so steckt jemand durch ein kleines Fenster den Kopf heraus, wie eine Schildkröte, die aus dem Panzer blickt. Schließlich erklärt uns ein bärtiger Diener, man warte, bis noch mehr Gäste kommen. Nach mehreren Stunden, die Stube hat sich gefüllt, legt man Tischtücher aus grobem Tuch auf. Jeder bekommt einen hölzernen Löffel, ein Trinkglas und etwas Brot. Wieder warten wir eine Stunde, so lange dauert das Kochen. Die erste Schüssel besteht aus einer Brühe mit Brotstücken, an Festtagen ist noch etwas Gemüse darin. Dann folgt aufgewärmtes Fleisch, Pökelfleisch oder ein gesalzener Fisch, schließlich ein Mus. Auch Wein gibt es von bedeutender Säure und teuer. Als wir uns bei dem Wirt beschweren, antwortete der: ›In diesem Gasthof sind schon eine große Zahl von Grafen und Markgrafen eingekehrt, und noch nie hat sich einer über unseren Wein beschwert. Paßt es euch nicht, dann sucht euch gefälligst ein anderes Gasthaus!‹ Was sind das nur für Leute, nur die Adligen ihres Volkes halten sie für Menschen.«
Der da so beredt über die deutsche Gastlichkeit klagt, ist der humanistische Universalgelehrte Gerhard Gerhards, besser bekannt als Erasmus von Rotterdam. Deutschland im 16. Jahrhundert, eine kulinarische Wüste? Beileibe nicht, hören wir den französischen Reiseschriftsteller und Feinschmecker Michel de Montaigne über die Augsburger Wirtshäuser:
»Wild, Schnepfen, junge Hasen, die ganz anders zubereitet werden als bei uns, sind reichlich vorhanden. Wir trafen nirgends so zarte Fleischspeisen, wie sie dort täglich aufgetragen werden. Mit dem Fleisch werden gekochte Pflaumen, Birnen und Apfelschnitten gereicht, einmal wird der Braten zuerst und die Suppe zuletzt aufgetragen, dann geht man wieder umgekehrt vor.«
Ganz sicher war Deutschland im 16. Jahrhundert kein Land der Drei-Sterne-Restaurants. Aber es gab ernstzunehmende Gastrokritiker wie eben diesen

Michel de Montaigne, die behaupteten, nie besser als in deutschen Städten gegessen zu haben. Im großen und ganzen waren Urteile über die deutsche Küche so unterschiedlich, wie das in sich gespaltene, zerrissene und aufgewühlte Land sich präsentierte. Kaiser, Fürsten und Reichsstädte kämpften um Macht und Einfluß, die Reformation trennte Menschen und Länder, in Augsburg lebten mit den Fuggern und Welsern die reichsten Männer der Welt und wenige Kilometer von ihnen Bauern, deren Weggefährten wie seit Jahrhunderten schon Armut und Hunger waren.

Wer Ernährung und Kochkunst im Deutschland der Renaissance und Reformationszeit beschreibt, wird vom Adel, ja mehr noch den reichen Handelsherren sprechen müssen, die Kochkunst und Tafelsitten der italienischen Renaissance übernahmen und verfeinerten. In den aufblühenden Städten, wo auch der zünftige Handwerker zu bescheidenem Wohlstand kam, bildete sich langsam heraus, was man später gutbürgerliche Eßkultur nennen sollte. Auf dem flachen Land, wo die größte Zahl der Deutschen wohnte, ging es nach wie vor um das nackte Überleben, und das sollte noch lange Zeit so bleiben.

Für Bauern galt immer noch der mittelalterliche Spruch: »Erbsbrei heiß, Erbsbrei kalt, Erbsbrei im Topf, neun Tage alt.« Hauptgetreide war der Roggen, das dunkle Brot der einfachen Leute. Hafer und Hirse bildeten die weitverbreiteten Grundsubstanzen für alle möglichen Breiarten. Weil Korn das Hauptnahrungsmittel war, betrafen Mißernten die unteren Schichten weit mehr als die reicheren Stadtbürger. Fleischtage waren selten, und nur auf Festen ahmte man den »Herrentisch« nach, aß Geflügel und vielleicht auch »Herrenbrot«, das Weißbrot, bis man sich nach mittelalterlicher Sitte den Bauch vollgeschlagen hatte. Hühner und Kühe galten wie im Mittelalter vor allem als Lieferanten von Eiern und Milch und wurden erst geschlachtet, wenn sie alt und zäh waren. Die Schafzucht wurde seit dem Spätmittelalter auch deshalb immer beliebter, weil Schafe leicht zu halten waren, Milch, Fleisch, vor allem aber Wolle einbrachten sowie eine Haut, die an den Pergamentmacher verkauft werden konnte.

Trotz Dreifelderwirtschaft und besserer Ackerbaugeräte änderte sich an der Ernährungssituation der Landbevölkerung über die Jahrhunderte hinweg wenig, denn der durch die »landwirtschaftliche Revolution« erzeugte Nahrungsüberschuß kam nicht den Bauern zugute. Statt dessen wog er den steigenden Bedarf einer wachsenden Stadtbevölkerung auf. Der Kornhandel selbst wurde vom weltlichen sowie geistlichen Adel und zunehmend von reichen Städtern kontrolliert.

Wenn überhaupt, so war eine Veränderung der Eßgewohnheiten und Kochkunst nur bei diesen Schichten möglich. Deshalb konnte Erasmus von Rotterdam, nachdem er nach seinen trüben kulinarischen Erfahrungen in einem Landgasthaus von seinem Nürnberger Freund Christian Scheuerl zu einem Gastmahl geladen wurde, berichten, wie er, sein Gastgeber sowie zwölf weitere geladene Freunde einen Saukopf, Lendenbraten in saurer Sauce, Forellen und Äschen, fünf Rebhühner, acht Vögel, einen gebratenen Kapaun, Hecht in

Sülze, Wildschwein in Pfeffersauce, Käsekuchen und Obst, Pistazien, Lebkuchen und süße Nachspeisen verzehrten. Und wenn wir Erasmus glauben dürfen, trank jeder Gast zweieinhalb Liter Wein. Im 16. Jahrhundert verstand man also in der freien Reichsstadt Nürnberg gut zu leben und zu essen.
Eine bürgerliche Küchenausstattung war recht vielfältig, wie wir einem Gedicht des Wundarztes und Meistersängers Hans Folz entnehmen können:

»Wenn man in die Kuchen geht,
Braucht man folgendes Gerät,
Hafen, Deckel, Kessel, Pfannen,
Will man nicht alltäglich jammern,
Dreifuß, Blasbalg, Bratspieß, Rost,
Muß man haben, was es auch kost',
Ein Hängekessel übers Feuer,
Sonst wär' warmes Wasser teuer,
Hackmesser, Stückmesser, Hackbrett,
Wer nicht Koch- und Schaumlöffel hätt',
Bratpfanne, Reibeisen und ein Sieb,
Dem ist seine Zeit nicht lieb.
Mörser, Stößel, Reibetuch,
Fleischbütt, Salzfaß, Essigkrug,
Einen Besen und auch mehr,
womit man den Herd dann kehr.
Schüsseln, Teller von Holz und Zinne,
Schüssel und Tellerkorb dazu hin,
Aufhebeschüsseln und Zulegteller,
Ohne die gaht man nicht in den Keller.
Senf- und Salzschüsseln fein,
Auch für ander Gewürz, stets rein,
Schwefel, Feuerzeug, Späne und Kein,
Um Holz anzubrennen, ist der Sinn,
Behend ein Feuer damit zu schür'n,
Das die Kuchen in sich spür'n.«

Sicher, jeder Hofkoch oder gar ein altrömischer Küchenmeister hätte über diese Ausstattung gelacht. Aber immerhin, in den geräumigen Küchen der Handwerksmeister konnte man nun auf mehreren Feuerstellen mehrgängige Menüs zubereiten. Und der städtische Haushalt verfügte zudem über einen Keller:

»Im Keller kommt uns gut zupaß,
Wein, Bier, Kraut, Rüben, Äpfel, Nuß,
Birnen, Quitten, Kastanien, Mispeln gleich
Ob einer arm ist oder reich,

Eine saure Milch zu dem Gebratnen,
kann ich dir für die Gäste raten,
Und dazu viel süß Geschleck,
eingemacht und als Gebäck ...«

Die bürgerlichen Köche des 16. Jahrhunderts waren Meister des Konservierens. Sie räucherten, beizten, dörrten, salzten ein. Alle denkbaren Fischarten wurden eingelegt. Man schätzt, daß um diese Zeit rund dreißigtausend Tonnen eingesalzener Hering in den europäischen Handel kamen. Kraut wurde durch Einsäuern konserviert, Kirschen in Backöfen gedörrt, in luftdurchlässigen Behältnissen auf Dachböden gelagert und mundgerecht serviert, indem man sie vor dem Verspeisen in frisches Wasser einlegte. In einem württembergischen Kochbuch lesen wir: »Roh' Fleisch lege man in eine Beiz von Petersil', Salbei, Pfeffer und Bilsenkraut, es wird halten vom Sankt Martinstag bis in den Summer.«
Nun war auch der städtische Haushalt nicht mehr allein auf Kräuter und Gewürze angewiesen, die Garten und Wald lieferten. Ingwer, Muskat, Zimt, Pfeffer, Nelken, Rosinen, Pomeranzen, Feigen und Datteln gesellten sich zu ihnen, und selbst der Durchschnittsbürger griff, wenn auch nur an Festtagen, freudig nach ihnen. Zu guter Letzt zogen wie in Adelskreisen, so allmählich auch im Nürnberg des 16. Jahrhunderts bessere Tischsitten ein:

»Hör, Mensch, wann du zu Tisch willst gan,
Dein Händ' sollst du gewaschen han,
Lang Nägel zieren gar nit wohl,
Die man heimlich abschneiden sol,
Am Tisch setz dich nicht obenan,
Der Hausherr wölls denn selber han.
Nit schnaufe oder säuisch schmatz,
Nit ungestüm nach dem Brot platz,
Dass du kein Geschirr umstossen tust.
Nachher sollst du vom Tisch aufstehn,
Dein Hände waschen und wieder gehn
An dein Gewerb und Arbeit schwer,
So spricht Hans Sachs, Schumacher.«

Auch Rezepte der modernen Renaissance-Küche versuchten Städter, soweit sie sich das leisten konnten, vom Adel und den reichen Handelsherren zu übernehmen, erfreute sich doch, glaubt man dem zeitgenössischen Chronisten, Wein bei Reich und Arm schon lange großer Beliebtheit.
Im 15. Jahrhundert hatte das Bier das alte Volksgetränk, den Met, längst an Bedeutung überholt. Brabanter Klosterbrüder hatten den Gerstensaft durch die Beigabe von Hopfen haltbarer gemacht. Der Adel aber trank seit dem 12./13.

Stilleben mit Fischen und Muscheln

Jahrhundert vor allem Wein, und um 1500 wurde er auch zum wichtigsten Getränk des gehobenen Bürgertums.
Nicht zu Unrecht hieß das 16. Jahrhundert »Saufzeitalter«, es gibt dafür Erklärungen wie Entschuldigungen: Obstwein, Traubenwein und Gewürzwein galten als Stärkungsmittel bei Krankheit und Entbindung, jeder geglückte Handel und jeder Rechtsstreit wurde, auch in Deutschland, zeremoniell mit einem Gläschen begossen, wenn Meister, Ratsherr oder gar Fürst zuprosteten, dann gebot es schon die Höflichkeit mitzuhalten und das Glas zu heben. Wein gehörte einfach zu allen wichtigen Ereignissen des Lebens. Rührige Historiker des Alltagslebens haben errechnet, daß Menschen des 16. Jahrhunderts im statistischen Durchschnitt einen Liter Wein pro Tag konsumierten.
Vor allem bot das Trinken, nicht anders als heute, Geselligkeit und Ablenkung.

In Ratskellern und Zunfthäusern traf man sich beim Wein, Trinkgesellschaften wurden gegründet. Zur Gesellschaft des Straßburger Bischofs Johann, die den bezeichnenden Namen »vom Horn« trug, war nur zugelassen, wer das vier Liter fassende Bundeshorn zu leeren vermochte. Im Gegenzug gründete Landgraf Moritz von Hessen einen »Mäßigkeitsorden«. Beitritt wurde nur dem gewährt, der pro Tag nicht mehr als vierzehn Becher Wein zu sich nahm.
Kaiser und Reichsfürsten gaben Erlasse heraus, um dem übermäßigen Saufen Einhalt zu gebieten, sogar Martin Luther, der einem guten Trunk niemals abgeneigt war, schrieb 1535:
»Es muß aber jeglich Land seinen eignen Teufel haben, Welschland seinen, Frankreich seinen. Unser teutscher Teufel wird ein guter Weinschlauch sein und muss Sauff heissen, da er so durstig ist, das er mit grossem Sauffen Weins und Biers nicht kann gekület werden. Und wird solch ewiger Durst teutschen Landes Plage bleiben, hab ich Sorg, bis an den jüngsten Tag.«
Der sonst bescheiden lebende Reformator gab immerhin die stolze Summe von fünfhundert Gulden im Jahr für Essen aus. Dazu kamen noch die Deputate seines fürstlichen Gönners Johann Friedrich: Obst, Wild, Fisch und Wein. Ebenso regelmäßig wie sie trafen Heringe und Butterfäßchen von Christian von Dänemark bei ihm ein. Luthers Käthe zog in ihrem Garten Gewürze und Gemüse, und ihr wohlbeleibter Gatte ließ sich gerne zur Gartenarbeit einspannen. Der Doktor aus Wittenberg wäre jedoch kein Reformator gewesen, hätte er nicht auch die Eßkultur verändern wollen. Er schuf und propagierte als Gegenbeispiel zur Völlerei des weltlichen und geistlichen Adels eine völlig neue Art der Tischgesellschaft: Sie sollte eine Einrichtung sein, um bei schmackhaften, aber einfach gekochten Speisen zusammenzusitzen, während der Mahlzeit zu schweigen, nur mäßig dem Wein zuzusprechen, danach aber gemeinsam zu singen und zu disputieren.
Luthers Tischgesellschaft beeinflußte das evangelische Bürgertum, nicht aber den Adel und auch nicht das »deutsche Sündenbabel«, wie Luther das Augsburg der Fugger und Welser nannte. Dort lud etwa der ehrenwerte Bäckermeister Veit Gundlinger zur Hochzeitsfeier seiner Tochter siebenhundertzwanzig Gäste ein, die er eine ganze Woche lang an sechzig reich geschmückten Tischen bewirten ließ. Dieser Luxus war nur möglich, weil Augsburg im 16. Jahrhundert Drehscheibe des internationalen Handels war. Ein Mann wie Jakob Fugger konnte sich mit Fug und Recht als reichsten Mann der Welt bezeichnen. Alle, die in Politik oder Wirtschaft Rang und Namen hatten, waren in der Stadt am Lech zugegen, Augsburg mußte zur kulinarischen Hochburg Deutschlands werden. Für kurze Zeit war die Stadt das Mekka der Feinschmecker. Hatten die Fugger von ihren erfolgreichen italienischen Kollegen Buchführung und Finanztricks gelernt, so öffneten sich ihre Küchenchefs bereitwillig der kulinarischen Renaissance des südlichen Landes.
Den besten Einblick in die Datschiburger Kochkunst des 16. Jahrhunderts verschafft das erst in unserer Zeit wiederentdeckte *Kochbuch der Sabina Welserin*,

das eine Sammlung von zweihundertfünf Rezepten bietet. Bei Welsers wurde international gegessen, es gab »Genueser« und »Welsche« Torte, polnische Saucen, böhmische Erbsen, englische Kuchen, spanisches Gebäck und italienische Ravioli mit Spinatfüllung. Ausländisches Gemüse wurde übrigens nicht nur importiert, sondern Jakob Fugger ließ Artischocken und andere feine Gemüse nun auch in Gewächshäusern kultivieren. Sabina Welser griff auch gern und reichlich in die europäisch-orientalische Gewürzkiste, wie nicht nur ihre schwarze Sauce zeigt, die sie aus »Schmalz, Mehl, Kirschsirup, vermischt mit Zucker, Ingwer, Pfeffer, Nelken, Zimt und kleingeschnittenen Mandeln« zuzubereiten verstand.
Die Augsburger Renaissance-Küche war leichter als die mittelalterliche, auffallend viele neue Gemüse und Obstbeilagen erschienen auf dem Speisezettel. Den Mittelpunkt bildete natürlich das Fleisch. Auch hier kam zum Braten nun das Schmoren, Sieden und Dämpfen hinzu. Die Rezepte für Würste waren ebenso gut komponiert wie die Zubereitung von Innereien. Für sie schlug Sabina Welser vor:
»Willst du eine gute Vorspeise machen, nimm Hirn und laß es gut aufwallen, teile es in kleine Stücke, nimm eine geriebene Semmel und schlage Eier daran, auch Milch, Gewürz, Safran und etwas Grün, tu Schmalz in eine Pfanne und röste es gut, dann ist es recht.«
Dieses Gericht wird heute noch, nur leider oft mit weniger Zutaten und manchmal auch weniger Fingerspitzengefühl in bayrischen Feinschmeckerlokalen angeboten.
Auch die Augsburger hatten eine große Vorliebe für Süßigkeiten und Gebäck. So finden wir bei Sabina Welser nicht nur ein neues Rezept für Marzipan, sondern auch den Nürnberger Lebkuchen und den berühmten »Zwetschgendatschi«.
Noch zu Lebzeiten als wohl ruhmreichste Köchin ihrer Zeit galt eine Verwandte der Sabina Welser, die 1527 geborene Philippine, die Nichte des reichen Bartholomäus Welser. Sie soll das schönste Mädchen der Stadt gewesen sein, Erzherzog Ferdinand, dem Sohn Kaiser Ferdinand I., den Kopf verdreht und ihn heimlich geheiratet haben. Es ist nicht unwahrscheinlich, daß sie mit ihren Kochkünsten den zunächst erbosten Schwiegervater becircte, so daß dieser nachträglich dem Paar seinen Segen gab. Heute liegen Philippines Rezepte und handschriftliche Notizen in der Wiener Nationalbibliothek. Bei ihr zu Hause sollen vierundzwanzig verschiedene Gerichte jeden Tag auf den Tisch gekommen, neunhundert Pfund Fleisch, dazu Wild täglich in die erzherzoglichen Küchen geliefert und mit fünfzig Pfund Schmalz zubereitet worden sein. Kein Wunder, daß Philippines Angetrauter im Alter eine Diät einhalten mußte, die bei ihm selbstverständlich nicht ganz der gängigen Vorstellung entsprach: Seine liebe Frau kredenzte ihm Spargel in Fleischbrühe, ein »gesottenes Hühnel«, milden Neckarwein und Mandelmilch. »La bella Filippina«, wie sie die Italiener nannten, war zu verdanken, daß die internationale Speisekarte um Gerichte »à la Tirol« bereichert wurde.

Am Ende des 16. Jahrhunderts war die kurze Blütezeit der deutschen, vor allem der süddeutschen Küche vorbei. Der Handel hatte sich mehr und mehr auf die Weltmeere verlagert, Deutschland rückte finanzpolitisch und kulinarisch an die Peripherie. Sicher, viele Kochtechniken blieben, besonders in den fürstlichen Küchen, erhalten, doch gerade Köche der Fürstenhöfe begannen, sich nach dem neuen kulturellen Zentrum Europas, nach Paris zu richten.
Nicht vergessen werden dürfen allerdings die in der deutschen Renaissance aufkommenden diätetischen Kochbücher, die immer dann Konjunktur haben, wenn die Tische allzu reichlich gedeckt sind, und die sich an den schon in der Blütezeit des alten Rom beliebten Traktaten über gesundes und richtiges Essen orientieren. Einige Autoren griffen dafür das wohlbekannte Magenzwicken wie das unbestimmte Mißbehagen nach dem Genuß fremdländischer Produkte auf, so etwa der Straßburger Arzt Hieronymus Bock:
»Oh, ihr unbesonnenen Deutschen, die ihr alles, was bei euch im Überflusse wächst, nicht achtet und teures Geld ausgebt, Arzneien und Lebensmittel aus fremden Ländern einzuführen. Der Allmächtige hat unserem Land Salz, Brot, Öl und Wein, Honig und Wachs, Fleisch und Fisch, alle Arten von Spezereien und Wurzeln, Kräuter und Kuchen geschenkt.«
Bock formulierte damit vielleicht unbeabsichtigt ein ökonomisches Prinzip der sich entwickelnden absolutistischen Staaten, nämlich den Export zu drosseln und das Geld im eigenen Land zurückzuhalten. Wie viele andere seiner Zeit riet er, sich auf das Heimische zu besinnen, er wollte, oft im wörtlichen Sinn, zurück zu den Wurzeln. Feinschmeckern, die arabisches oder kappadokisches Salz dem gröberen heimischen vorzogen, hielt er entgegen: »Wir im Teutschen Land sind bei unserem gesottenen Salz fröhlich und guter Ding, brauchen das zur Arznei, zur Notdurft und Wollust, wie es ein jeder vermag und ihm wohlbekommt.«
Zucker wollte Bock nur als Arznei gelten lassen, und gegen den »gesundheitsschädlichen« Parmesan wandte er sich vehement. Wozu brauche man Safran, fragte er, wenn doch die Kuchen »nur die holdseligen Märzveilchen, die jungen Nesselein, die Gansdistel und die feisten Hopfendolden brauchen, allzumal in ihrer Jugend im Frühling, wann sie noch zart und weich sind.«
Zugleich aber gab Hieronymus Bock seinen Lesern eine für die damalige Zeit durchaus probate Einführung in die Hausmedizin, was man von anderen Ratgebern nicht unbedingt sagen konnte. Walter Hieronymus Ryffs *New Kochbuch, für die Krancken*, das bis zum beginnenden 17. Jahrhundert sechs Auflagen erlebte, war zwar ein Kind seiner Zeit, aber von Sachverstand gänzlich ungetrübt. In der Einleitung empfiehlt er seinen Lesern, sich den Arzt zukünftig zu sparen, habe er doch mit Fleiß alle Kenntnisse und Erfahrungen der besten und ältesten Ärzte zu einem Buch zusammengefaßt. Zu seinen Ratschlägen gehört, jeden Morgen und Abend eine eingemachte Muskatnuß zu sich zu nehmen, da dies die Leber öffne und kräftige, das Blut reinige und den Magen erwärme, wenn es auch der Lunge ein wenig schade. Weiße Seerosen ver-

schrieb er als Wundermittel bei Husten, beginnendem Fieber und großem Durst, bei Leber- sowie Milzentzündung. Seerosenwasser, so wollte Ryff herausgefunden haben, dämpfe auch die geschlechtliche Begierde. Deshalb sei es das Patentrezept für alle, »die Keuschheit mit dem Mund gelobt haben und ihr frommes Leben in ein Kloster schließen wollen.«

Auch Kurpfuscher gehörten zum Deutschland des 16. Jahrhunderts, das ein kulinarisch höchst unterschiedliches Bild bot. Inmitten kärglichen Landlebens erhoben sich Inseln der Gastlichkeit, Augsburg, Nürnberg, Tirol, aber sicher auch Wien, Prag, die Rhein- und Hansestädte. Dort hatte man die aus Italien kommenden Impulse gierig aufgesogen und für eine gehobene Regionalküche genutzt. In den Städten entstanden die Anfänge einer »bürgerlichen Tafel« und einer neuen Tischkultur. Viele einfache Gerichte der großen Renaissance-Küche wurden übernommen, die noch Goethes Mutter zu schätzen wußte. Den Luxus der Fugger und Welser konnten sich die deutschen Städter nicht mehr leisten, nur die Fürstenhöfe hatten im 17. Jahrhundert noch die Mittel dazu. Sie aber sahen in der Kochkunst wie ganz Europa nach Paris.

Einführung in den Rezeptteil – ein Werkstattbericht

Anders als bei unserem Buch *Kochen wie die alten Römer* hatten wir es diesmal nicht mit einem einzigen Autor zu tun. Wir sahen uns mit Köchen aus Italien, Deutschland sowie Frankreich, deren Kochkunst und einer Fülle von Rezepten konfrontiert. Zunächst entschieden wir, von jedem Land jene Pioniere des Kochens auszuwählen, die das Neue und Typische der Renaissance-Küche am augenfälligsten repräsentieren. Gleichzeitig wollten wir ein Kochbuch schreiben, das die große Palette der Renaissance-Gerichte in ihrem ganzen Reichtum vorführt.

Fast alle Rezepte der Renaissance liegen heute vor, sei es als Faksimile, sei es in gedruckter, zum Teil in übersetzter sowie dem modernen Sprachgebrauch angepaßter Form. Wo es möglich war, sind wir vom Originalrezept ausgegangen und haben es mit bereits vorhandenen modernen Übersetzungen verglichen. Ohne die Hilfe von Übersetzerfreunden hätten wir vor manchen italienischen und französischen Rezepten, zu deren Verständnis gute Kenntnisse der Umgangssprache nicht mehr ausreichen, schlicht passen müssen. All jenen in Rom und Paris, die für uns recherchierten und in einigen Fällen das Wissen von Sprachwissenschaftlern einholten, möchten wir herzlich danken. Das Ergebnis der gemeinsamen Bemühungen, wie es der Rezeptteil zeigt, braucht den Blick des Kenners nicht zu scheuen.

Wir haben für jedes Gericht zunächst das alte Rezept angegeben. Dabei bemühten wir uns, es in für den heutigen Liebhaber des Essens verständliche Form zu bringen, ohne dabei den altertümlichen Duktus aufzugeben.

Die Kochbücher der Renaissance richteten sich stets an Berufsköche oder die Vorsteher großer Haushalte, vor allem des Adels, aber bald auch des reichen Bürgertums. Die Köche erklärten also nicht viel, oft schrieben sie nur das Wesentliche auf und hoben besonders neue Kniffe des Kochens hervor. Ein typisches Beispiel ist etwa Varennes »Aalpastete«, für deren Zubereitung wir andere alte Rezepte heranzogen, aber auch auf heutige Kochmethoden und unsere eigenen Erfahrungen mit ähnlichen Gerichten aus heutiger Zeit zurückgreifen mußten. Philippine Welser etwa gibt bei Pasteten meist gar nicht erst an, daß und wie der Teig gemacht wird. Nur an einer einzigen Stelle findet sich bei ihr dafür ein Rezept. Freilich läßt sich andererseits aus Anweisungen wie der, ein Loch in den Teigdeckel zu schneiden, schließen, daß eine Pastetenfülle in einen alles umschließenden Teig zu füllen ist. Und anders als bei Apicius, wo fast nie Mengenangaben für Zutaten gemacht werden, finden sich diese bei Renaissance-Köchen hin und wieder. Hier stießen wir auf die

Cornelis Jacobsz, *Stilleben mit Küchengeräten*

Schwierigkeit, die vor allem in italienischen und deutschen Städten höchst unterschiedlichen Maße in heutige Maßeinheiten umzurechnen. Kompliziert wurde es vor allem, weil ältere wie neuere Übersetzungen diese Unterschiede kaum registrierten. Wir haben zwar alte Maßtabellen, soweit es möglich war, herangezogen, doch sie konnten uns nur als grobe Richtschnur dienen.
Zu jedem unserer Menüs luden wir daher zahlreiche Testesser ein, und zusammen diskutierten wir das Ergebnis. Bei einigen Gerichten konnten wir die Mengenangaben beibehalten, bei anderen modifizierten wir die Menge der Zutaten, und bei einigen wenigen war es schließlich doch notwendig, sie gänzlich neu zu bestimmen. Unser Ziel war, eine Adaption der alten Rezepte zustande zu bringen, die die Gerichte gut nachkochbar macht und heutigen kulinarischen Vorstellungen entspricht. Gleichzeitig sollte das Raffinierte und Exotische der alten Küche nicht verlorengehen.
Allmählich bekamen wir ein Gefühl für die Besonderheit jeder Köchin und jedes Kochs. Wir fanden ihre Lieblingsgewürze heraus, bei Scappi etwa die Mischung aus Reibkäse, Zucker und Zimt, bei Frantz de Rontzier den Ingwer. Wir erkannten Trends und den symbolischen Wert einzelner Zutaten wie des Zuckers, der teuer war und so das Prestige der Gastgeber heben konnte. Bei den Gewürzen etwa stand Safran bei Köchen an oberster Stelle. Seit der Frührenaissance gibt es kaum ein Rezept, in dem er nicht vorkommt. Oft wird er zum Färben der Speisen verwendet. Aber auch Lorbeer, Muskatblüten, Ingwer, Nelken und Zimt kommen aus heutiger Sicht ungewöhnlich häufig vor.

Nicolas Lancret, *Das Schinkenessen*

Wir gingen mit diesen Kostbarkeiten von damals sparsamer um oder reichten sie getrennt zu den Gerichten. Aber welche Kräuter und Gewürze wir auch verwendeten, es mußten stets frische sein.
In vielen Renaissance-Rezepten werden Gewürze und Kräuter nicht einzeln angeführt, es heißt einfach »gute Kräuter«; oder es werden einige Gewürze aufgezählt, und dann heißt es nur noch »Etcetera«. Wir nehmen an, daß Kräuter gemäß der Jahreszeit verwendet wurden, selbst wenn man auch mit getrockneten Kräutern kochte, wovon wir jedoch abraten möchten. Statt dessen empfehlen wir, sie im Kräutergarten selbst zu ziehen, sie schmecken einfach besser.
Die Kräuter der Renaissance zu identifizieren, war weniger schwierig, als jene der altrömischen Küche zu bestimmen. Wir fragten uns allerdings, ob sie sich nicht über die Jahrhunderte hinweg durch Züchtungen verändert haben mußten.
Auch das Gemüse, Kohl, Kürbis, Lattich, sahen, wie alte Abbildungen zeigen, anders aus als ihre heutigen Artgenossen. Wir überlegten, welches heutige Gemüse am ehesten den Geschmack jenes treffen könnte, das im Originalrezept angeführt ist. Es mußten Spekulationen sein, doch meist kombinierten wir richtig.
Wirklich schwierig wurde es jedoch bei den Fleischgerichten. So haben die hochhackigen und schlanken Schweine der Renaissance-Zeit wenig mit unserem Hausschwein zu tun. Die Rinder wurden als Arbeitstiere genutzt und wurden erst kurz vor dem Ableben geschlachtet. Die einzelnen Teile der Tiere mußten, je nachdem, zäher, fleischiger oder fetter schmecken als ihr heutiges Äquivalent. Auch das Fleisch wurde in der Renaissance oft länger aufbewahrt als heute und nicht nur aus Geschmacksgründen vor dem Braten erst mal gekocht, gehackt oder scharf gewürzt. Unser Metzger war entsetzt, als wir ihm herrliches, angebratenes Lammfleisch von der Keule brachten, damit er es durch den Fleischwolf drehe. Wir haben das Vorkochen des Fleisches in Fällen, wo wir es nicht für nötig hielten, daher auch nicht empfohlen, manchmal weniger gewürzt, als im Originalrezept angegeben, und oft den Zucker ganz weggelassen.
Überhaupt das Süßen: Honig wird in den alten Rezepten selten erwähnt. Wir nehmen jedoch an, er wurde öfter verwendet als Zucker, der einfach modern war und schon deshalb Bestandteil fast jeden Rezepts sein mußte. Oder sollten die Renaissance-Menschen tatsächlich Süßes und jegliches Zuckerwerk besonders geliebt haben? Wir wissen es nicht, aber Zucker und später das Rosenwasser waren die einzigen Gewürze, wo wir große Zurückhaltung üben mußten.
Nun noch einige Erklärungen zur Vorbereitungs- und Kochzeit, die wir für jedes Gericht angegeben haben: Zur Vorbereitungszeit rechneten wir auch, wenn etwas vorgekocht, blanchiert o. ä. und erst danach weiter verarbeitet werden mußte. Die Zeiten für das Marinieren oder Erkalten haben wir extra angegeben.

Einige Köche versahen ihre Rezepte mit Hinweisen zu ihrer Verträglichkeit – vor allem der Lateiner Platina ist hier zu nennen. Einiges haben wir übernommen, aber ohne sie auf ihre medizinische Richtigkeit geprüft zu haben!
Wir haben Gerichte der Renaissance über zwei Jahre probegekocht und können sagen, unsere Hoffnungen, die wir in die Renaissance-Küche setzten, haben sich vollends erfüllt. Wir erhielten überraschend vielfältige und harmonische Kompositionen.
Wir würden uns freuen, wenn unser Kochbuch der Renaissance für Sie und für Ihre Gäste zu einem historisch faszinierenden und lukullischen Ereignis wird.

Abkürzungen

Bd	Bund	g	Gramm
cl	Zentiliter	l	Liter
dl	Deziliter	Msp	Messerspitze
EL	Eßlöffel	TL	Teelöffel

Menüvorschläge

In der Renaissance wird erstmals versucht, etwas Ordnung in die relativ willkürliche Speisenfolge des Mittelalters zu bringen. Es wurden »Häppchen« als Appetitanreger und Fruchtiges, Leichtes am Ende der Menüs gereicht. Andererseits wollte man auf die teuren Schaugerichte noch nicht verzichten, und immer noch kamen viele Speisen gleichzeitig auf den Tisch.
Nun könnten wir eine Renaissance-Einladung nachahmen, nach dem Entree am Buffet zur Tafel bitten, die Hauptspeisen auftragen und zum Schluß eine Art Fruchtsalat oder Torten reichen. Wir haben uns aber dafür entschieden, alle Speisen frisch zu servieren.

Menü Bartolomeo Scappi
Kalbsnieren auf geröstetem Brot
Tortelletti mit Schweinefleischfüllung
Pilzsuppe
Meerfisch im Saft
Gehacktes Lammfleisch
Überbackener Reis
Kohl auf römische Art
Dattelrolle

Menü Frantz de Rontzier
Erdnüsse an Orangensauce
Erdnüsse mit Rosinen
Blumenkohlsalat
Seezunge an Birnensauce
Hammelkeule
Grüne Bohnen
Risotto
Weinbeeren auf Zwieback

Renaissance-Herbstmenü
Hühnersuppe
Muscheln an Orangensaft
Gefüllte Wachteln
Wildbretpastete
Pflaumenmus
Getreide
Eierschnee

Menü La Varenne
Götterwein
Limonade
Gefüllte Champignons
Königinsuppe
Pastetchen auf spanische Art
Marinierte Kalbslende
Maronenkompott
Risotto
Sahnetorte

Menü Platina
Weinbeersaft
Fisch im Teig
Hanfsuppe
Frische Datteln
Gefülltes Spanferkel
Rübengratin
Getreide
Kürbistorte

Menü Philippine Welser
Gefüllte Eier im Teigmantel
Gefüllte Kalbsbrust
Getreide mit Gemüse
Apfelmus
Süße Käsetorte

Kleines Menü
Kalbfleischpastete
Ravioli mit Hühnerfüllung
Geschnetzeltes Schweinefleisch mit Speck
Gebratene Möhren
Getreide
Eiertorte

Großes Renaissance-Menü
Kalbfleischpastete
Ravioli mit Parmesanfüllung
Kräutersauce
Saiblingpastete
Essen in verschiedenen Farben
Wild in Pfeffersauce
Erbsenmus
Feigenmus
Weichselmus
Reisküchlein
Birnentorte
Englische Torte

Habit de Paticier

Habit de Caffetier

Habit de Vinaigrie

Habit de Jardinier

Basisrezepte

Ravioliteig

Pastetenteig

Hefeteig

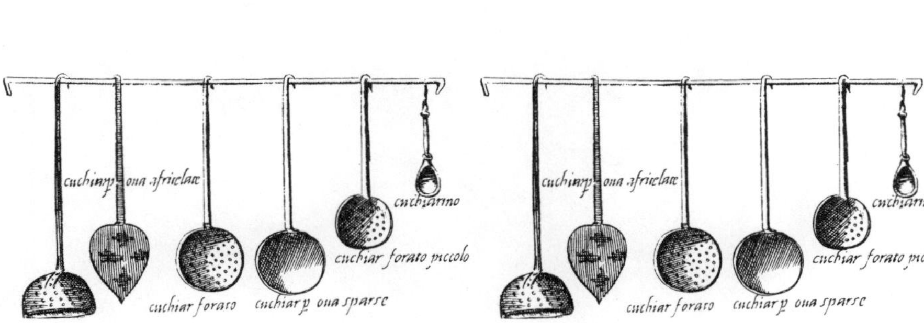

Ravioliteig
(Frantz de Rontzier)

Ravioli, so in Wasserbrüh' oder Milch gesotten werden, mache so: Man soll den Teig mit einem Rädlein ausschneiden und die Speise darauf legen, man tut auch in jede Ravioli ein wenig Butter.

Vorbereitung: 10 Min.
Kochzeit: 30 Min. ruhen

ZUTATEN
Weißmehl
Lauwarmes Wasser
Salz

Zubereitung Das Mehl auf einer flachen Unterlage zu einem Kranz formen. Alle anderen Zutaten mischen, in die Mitte des Kranzes geben und von außen her zu einem Teig verkneten. Zugedeckt ca. 30 Min. ruhen lassen. Mit dem Nudelholz oder der Teigmaschine sehr dünn ausrollen.

Pastetenteig von mancherlei Pasteten
(Frantz de Rontzier)

Der Teig wird gemacht von Roggenmehl und heißem Wasser mit Butter vermischt. Man rollt ihn mit einem Treibholz aus, und wenn er gefüllt ist, bestreicht man ihn mit Eiern und Safran, bevor man ihn in den Ofen setzt. Dort läßt man die Pastete stehen, je nach Größe zwei, drei oder auch wohl vier Stunden. Danach, wenn sie kalt geworden, belegt man sie mit Gold oder streicht sie mit Farben an, alsdann sie fertig zu Tisch getragen werden kann.

Vorbereitung: 15 Min.
Kochzeit: 60 Min.

Mehl	(für eine Wildpastete empfehlen wir Roggenmehl)
Butter	
Salzwasser	
Ei	
Safran	(für einige Pasteten)

Zubereitung Das Mehl mit der Butter verreiben, nach und nach warmes Salzwasser hinzufügen und zu einem Teig verkneten. Zwei Drittel des Teigs ausrollen und damit eine gebutterte Spring- oder Pastetenform auslegen. Die Pastetenfüllung hineingeben. Mit dem übrigen Teig einen Deckel formen, die Pastete damit zudecken und die Teigränder mit Eiweiß zusammenkleben. Mit Teigresten eine Rosette formen und auf dem Deckel mit anderen Verzierungen anbringen. Ein Eigelb mit oder ohne Safran verquirlen und die Pastete damit bestreichen.
Für festliche Anlässe wurden die Pasteten nach dem Backen und Erkalten mit Lebensmittelfarbe bemalt oder aber mit Blattgold überzogen.

Hefeteig
(Bartolomeo Scappi)

Mische zwei Pfund Mehl, 6 Eigelb, 2 Unzen Rosenwasser, 1 Unze in lauwarmem Wasser aufgelöste Hefe und 4 Unzen frische Butter oder Schmalz, das nicht stark riecht, und ziemlich viel Salz, knete es eine halbe Stunde, rolle den Teig gut aus und bestreiche ihn mit geschmolzener Butter.

Frische Hefe
Wasser
Butter
Eigelb
Rosenwasser
Salz
Weißmehl

Zubereitung Die Hefe zerbröckeln und mit dem lauwarmen Wasser auflösen. Die Butter schmelzen und etwas erkalten lassen. Hefe, Butter, Eigelb, Rosenwasser und Salz mischen. Die Hälfte des Mehls in eine Schüssel geben, die Flüssigkeit dazugießen und gut verrühren. Nach und nach das restliche Mehl zugeben und zu einem Teig kneten. Unter einem warmen Tuch 60 Min. gehen lassen.

Vorspeisen

Pastetchen auf spanische Art

Schnecken an Limonensauce

Spargel an weißer Sauce

Artischocken

Süße Salbeitorte

Kalbsnieren auf geröstetem Brot

Gefüllte Champignons

Gebackene Froschschenkel

Schildkröten an Trüffeln

Ravioli mit Parmesan- oder Hühnerfüllung

Gefüllte Gurken

Erdnüsse mit Rosinen oder an Orangensaft

Pastetchen auf spanische Art
(La Varenne)

Aus zwei Pfund Mehl und vier Eiern mache einen dünnen Teig. Ist er fertig, forme daraus kleine, runde Scheiben von der Dicke zweier Papierblätter und bedecke sie mit fein gehacktem Fleisch. Dazu nimm weißes Hühnerfleisch, ein Viertel frisches Schweinefleisch, zwei Kalbsmilch, fetten Speck, gutes Rindermark und Rinderfett, von jedem ein Viertel, ein wenig Schnittlauch oder Zwiebel, Champignons, Salz und Gewürze. Dies mische zusammen. Bedecke den Teigboden damit, und darauf lege nochmals Teig. Schmiere die Pastete mit Schweineschmalz ein und backe sie.

Vorbereitung: 30 Min. und 3¹/₄ Std. einlegen
Backzeit: 40 Min.

Für 4 Personen

50 g Kalbsbries
¹/₂ l Essigwasser (¹/₂ EL Essig)
1 TL Zitronensaft
150 g Hühnerfleisch
150 g Schweinefleisch
100 g Lammfleisch
50 g Speck
20 g Rinds- oder Schweinefett
100 g Champignons
1 EL Schnittlauch
4 EL Rahm (evtl.)
Salz und Pfeffer
8 Blätterteigpastetchen
1 EL Schweineschmalz

Zubereitung Das Kalbsbries 2 Std. in kaltes Wasser und danach 1 Std. in kaltes Essigwasser legen. Danach das Bries in 1 l Salzwasser, dem etwas Zitronensaft beigefügt wurde, ca. 15 Min. auf hoher Stufe ziehen lassen. Das Kalbsbries enthäuten und zusammen mit den anderen Fleischsorten grob hacken. Die Champignons blättrig schneiden. Alle Zutaten gut mischen, mit Schnittlauch und, je nach Geschmack, mit Rahm verfeinern. Mit Salz und Pfeffer würzen. Die Blätterteigpastetchen (wir würden in der Tat vorschlagen, diese nicht selbst herzustellen!) mit der Masse füllen, einen Deckel aus Blätterteig formen und darauf setzen, mit zerlassenem Schweineschmalz bestreichen und im vorgeheizten Backofen bei 180 °C ca. 40 Min. backen.

Schnecken an Limonensauce
(Frantz de Rontzier)

Man vermischet Rosmarin mit Butter, gibt sie mit den rein gemachten Schnecken in die Häuser, tut sie in einen Topf mit Rindfleischbrüh, zerschnittenen Lemonen, Pfeffer, zerriebenem Brot und Butter, läßt sie durchkochen, bestreuet sie mit Salz und Pfeffer, wenn man sie will zu Tische geben.

Vorbereitung: 10 Min.
Kochzeit: 65 Min.

Für 4 Personen

Für die Schnecken

24 Schnecken
1 l Rinderbrühe
1 EL Butter
1 Rosmarinzweig

Für die Limonensauce

1 Limone
2 EL Paniermehl
1 EL Butter
Salz und Pfeffer

Zubereitung Die Rinderbrühe aufkochen, Butter und den Rosmarinzweig zugeben, die gereinigten Schnecken mit dem Gehäuse ca. 60 Min. bei kleiner Hitze darin garen und danach abschütten. Die Limone schälen und kleinschneiden. Zusammen mit dem Paniermehl, der Butter und 2 EL Rinderbrühe 15 Min. auf kleiner Flamme kochen lassen. Mit Salz und Pfeffer abschmecken und über die Schnecken geben.
Es können auch fertiggekochte Schnecken, tiefgekühlt oder aus der Büchse, verwendet werden. In diesem Fall sollen sie in der Limonenbrühe noch kurz aufgekocht werden, dann läßt man sie noch etwas ziehen.

Jan van Huysum, *Obststilleben*, 17. Jahrhundert

Spargel an weißer Sauce
(La Varenne)

Nimm die Spargelsprossen, schäle sie und schneide sie gleich lang, koche sie im Salzwasser und nimm sie aus dem Wasser, wenn sie erst leicht gekocht sind. So schmecken sie am besten. Lasse sie abtropfen, mache dann eine Sauce von frischer Butter, einem Eigelb, Salz, Muskatnuß und ein paar Tropfen Essig; wenn alles gut gerührt und die Sauce sahnig ist, serviere sie.

Vorbereitung: 20 Min.
Kochzeit: 10 Min.

FÜR 4 PERSONEN

1 kg Spargel
2 l Salzwasser
30 g Butter

Für die Sauce

1/2 TL Zucker
1 Eigelb
1/2 TL Salz
1 1/2 TL Kräuteressig oder Zitronensaft
1 Msp Muskatnuß

Zubereitung Den Spargel großzügig schälen. Dem kochenden Salzwasser 1 TL Butter und 1/2 TL Zucker beigeben und den Spargel darin ca. 10 Min. kochen. Im Wasserbad 1 TL Butter schmelzen lassen und mit dem Eigelb, dem Salz, dem Essig oder Zitronensaft und der geriebenen Muskatnuß mit dem Schneebesen verrühren. Nach und nach die restliche Butter zugeben und unter ständigem Rühren erwärmen. Die Sauce darf aber nicht kochen. Zu dem gut abgetropften Spargel servieren.

Artischocken
(Frantz de Rontzier)

Artischocken macht man mit Mark, kleinen Rosinen, Muskatblumen und Pfeffer, gibt's auf den Tisch über geröstetes Weißbrot und bestreuet sie mit Muskatblumen, wenn man sie zum Tisch will tragen.

Vorbereitung: 15 Min.
Kochzeit: 40 Min. und 60 Min. erkalten

Für 4 Personen

4 Artischocken
1 Zitrone
4 Toastbrotscheiben
2 EL Butter
1 gekochtes Rindermark
oder 2 EL Schweineschmalz
1/2 EL Rosinen
1 dl trockener Weißwein
1 TL Muskatblüten
Salz und Pfeffer

Zubereitung Den Stiel der Artischocken abschneiden und die Schnittflächen mit Zitronensaft einreiben. Die Artischocken in reichlich Salzwasser je nach Größe zwischen 20 und 40 Min. garen und im Sud erkalten lassen. Die Blätter auszupfen und das Heu entfernen, so daß nur noch die Artischockenböden übrigbleiben. Die Toastbrotscheiben in heißer Butter leicht rösten, auf die Teller verteilen und die Artischocken darauf setzen. Das gekochte Rindermark hacken oder das Schweineschmalz erwärmen und mit den Rosinen, dem Wein und den Muskatblüten mischen. In einer Pfanne auf 1/4 l einkochen lassen, mit Salz und Pfeffer abschmecken und über die Artischocken gießen. Das Ganze mit Muskatblüten bestreuen.
Mit der Artischocke triumphierte der arabische Gartenbau. Die Araber führten sie in Spanien ein, und von dort gelangte sie im 14. und 15. Jahrhundert nach Italien. In der Renaissance galt sie als »Königin der Gemüse«. Die Rede ist allerdings stets von dem durch Züchtung vergrößerten fleischigen Artischockenboden, wenn es auch vorstellbar ist, daß das »gemeine Volk« sehr wohl noch den eßbaren Teil der großen Blätter verzehrte.

Süße Salbeitorte
(Philippine Welser)

Willst du eine Salbeitorten machen, so nimm zwei Büschel Salbei und zwei Büschel Petersilienkraut, das stoß zusammen in einem Mörser und drück den Saft heraus. Nimm danach ein Pfund Zucker wohl gestoßen zu dem Saft in eine Schüssel, dazu noch einen Kratzer Ingwer und Pfeffer und ein wenig Salz, alles klein gestoßen, auch acht Eier und Milch. Mische alles durcheinander und beschmier die Pfanne mit Butter, mach ein Bödelein und gib's darüber. Stell's auf die Glut und schau, daß nicht zu wenig Hitze von oben und unten kommt.

Vorbereitung: 15 Min.
Kochzeit: 40 Min.

Für 4 Personen

- 250 g Blätterteig
- 20 Salbeiblätter
- 2 Petersilienbüschel
- 100 g Zucker
- 1 Msp Ingwer
- 6 Eier
- 1/4 l Milch
- Salz und Pfeffer
- 1 EL Butter

Zubereitung Salbei und Petersilie im Mixer pürieren und durch ein Tuch drücken. Den Kräutersaft mit dem Zucker, Ingwer, den Eiern und der Milch mischen und mit Salz und Pfeffer abschmecken. Den Blätterteig dünn ausrollen und in die gebutterte Backform legen. Im auf 200 °C vorgeheizten Backofen 40 Min. backen.

Frans Snyders, *Vorratskammer mit Diener,* um 1615/20

Kalbsnieren auf geröstetem Brot
(Bartolomeo Scappi)

Nimm Scheiben von einem ein Tag alten Brot, schneide sie fingerdick und röste sie über dem Feuer. Brate Kalbsnieren mit etwas Lende am Spieß. Dann lasse sie abkalten, hacke sie fein mit Minze, Majoran, Pimpinelle, frischem Fenchel – falls du keinen zur Hand hast, verwende getrockneten –, Pfeffer, Nelken, Zimt, Muskatnuß, Zucker, Eigelb, Granatapfelsaft oder Essig und viel Salz. Streiche diese Masse auf die Brotscheiben und lege sie in eine Form, und zwar so, daß nichts übereinanderliegt. Decke die Form zu, gib Hitze von oben und von unten durch ein wenig heiße Asche, bis das Brot etwas Fett aufgesogen hat und die Mischung aufgegangen ist. Dann bringe es heiß zu Tisch mit Granatapfelsaft, Zucker und Zimt. Damit das Brot besser schmeckt, kannst du auch Butter oder Schmalz in die Form geben.

Vorbereitung: 20 Min.
Kochzeit: 10 Min.

FÜR 4 PERSONEN

1 Kalbsniere mit Nierenfett (beim Metzger bestellen)
1 EL Butter
1 EL Olivenöl
1/2 EL Minze
1/2 EL Majoran
1 TL Anisblatt
oder
1 TL Pastis (Anisschnaps)
1 Msp Fenchelpulver
1 Msp Nelkenpulver
1/2 TL Zimt
1 Msp Muskatnuß
1/2 TL Zucker
2 Eigelb
Salz und Pfeffer
2 EL Granatapfelkerne
4 Brotscheiben (einen Tag alt)
1 EL Butter
1 TL Puderzucker
1/2 TL Zimt

Zubereitung Die Kalbsniere halbieren, den Fettstrang entfernen, und die Nieren in Scheiben schneiden. In einer Mischung aus Butter und Öl ca. 3 Min. kräftig anbraten. Etwas abkühlen lassen und fein hacken. Nieren, gehackte Kräuter, Gewürze und Eigelb gut mischen. Die Granatapfelkerne durch ein Sieb pressen und die Hälfte des Saftes unter die Nierenfarce ziehen. Die Brotscheiben im Toaster rösten. Die Nierenfarce darauf verteilen. Eine Kasserolle mit Butter bestreichen, die Brotscheiben nebeneinander in die Kasserolle legen und zugedeckt im Backofen bei guter Oberhitze 10 Min. rösten. Mit Zucker und Zimt bestäuben und mit dem restlichen Granatapfelsaft beträufeln. Warm servieren.

Gefüllte Champignons
(La Varenne)

Wähle schöne große Pilze aus, wenn du sie mit verschiedenem Fleisch oder guten Kräutern füllen willst. Diese binde mit Eigelb, dann fülle die Champignons, setze sie auf eine Scheibe Speck oder etwas Butter. Dünste sie und spritze etwas Zitrone darüber.

Vorbereitung: 20 Min.
Kochzeit: 30 Min.

Für 4 Personen

24 große Champignons
5 Speckscheiben
1 EL Butter

Für die Füllungen

50 g Kalbsbrät
1/2 EL Petersilie
1 Ei
Salz und Pfeffer

50 g Schweinebrät
1/2 EL Petersilie
1 Ei
Salz und Pfeffer

1/2 EL Kerbel
2 Eier
Salz und Pfeffer

Zubereitung Für die Füllung 2 Eier hart kochen, das Kalbsbrät mit der fein gehackten Petersilie, dem zerdrückten Eigelb sowie Salz und Pfeffer mischen. Das Schweinebrät auf gleiche Weise vorbereiten. Das Eiweiß von 2 Eiern nehmen und fein gehackten Kerbel dazugeben. Mit Salz und Pfeffer würzen. Die Pilze reinigen, die Stiele ausdrehen und wahlweise die unterschiedlichen Füllungen in die Pilzköpfe geben. Eine feuerfeste Form mit Speckscheiben belegen und die mit Fleisch gefüllten Champignons darauf setzen. Für die »vegetarischen Pilze« eine zweite Form mit Butter bestreichen und die Champignons hineinlegen. Alle Champignonköpfe mit einer Butterflocke belegen und im auf 180 °C vorgeheizten Backofen ca. 30 Min. backen.

Zwei Rezepte, die früher gerne verwendet wurden, die auszuprobieren heute jedoch Tierschützer zögern läßt:

Gebackene Froschschenkel
(Bartolomeo Scappi)

Den Kopf mit dem großen Maul entfernen und die Füße bis zum ersten Gelenk einschneiden, in kaltem Wasser einweichen, das Wasser einmal in acht Stunden wechseln, so daß die Frösche sich selbst reinigen, aufquellen und weiß werden. Dann aus dem Wasser nehmen, die Schenkel unter dem Körper falten oder im Gelenk abschneiden, die Knochen entfernen und den Frosch braten. Oder bestäube die Frösche mit Mehl, backe sie in Öl aus und richte sie mit feinem Salz an. Decke sie vor allem nach dem Backen nicht zu, weil sie sonst hart werden, einschrumpfen und ihre Güte einbüßen. Du kannst sie auch mit Knoblauchzehen und Petersilie backen und sie mit dem Knoblauch und der Petersilie, Pfeffer und feinem Salz als Sauce anrichten. Auf diese Art und Weise pflegte Papst Pius IV. sie zu essen.

Schildkröten an Trüffeln
(La Varenne)

Schildkröten werden zurechtgemacht, die Galle entfernt und in Stücke geschnitten und in einer Pfanne mit Petersilie und ein wenig Zwiebel gebraten. Dann kocht man sie langsam in einer Schüssel mit gut gewürztem Wasser. In die Brühe gib auch etwas Brot. Man trägt die Schildkrötenstücke in ihrer Sauce zu Tisch und legt Spargelstücke, Pilze, Trüffel und Zitronenscheiben hinzu.

Ravioli mit Parmesanfüllung
(Frantz de Rontzier)

Man nimmt den Parmesankäse klein gerieben, tut frische Butter samt ein paar Eidotter darein und macht Raviolen davon.

Vorbereitung: 50 Min.
Kochzeit: 5 Min.

FÜR 4 PERSONEN

Für den Teig

- 300 g Weißmehl
- 5 EL lauwarmes Wasser
- 1 TL Salz
- 2 Eier
- 2 EL Olivenöl
- 50 g Butter

Für die Füllung

- 100 g geriebener Parmesan
- 50 g Butter
- 4 Eigelb
- 1 Eiweiß

Zubereitung Einen Ravioliteig (s. S. 51) zubereiten. Parmesankäse, weiche Butter und Eigelb miteinander vermischen. Den ausgerollten Ravioliteig mit dem Teigrad in Rondellen von ca. 8 cm Durchmesser schneiden. In jede Rondelle einen Kaffeelöffel Füllung geben, den Teigrand mit Eiweiß bestreichen und die Ränder zudrücken. In viel kochendes Salzwasser geben und ca. 5 Min. ziehen lassen.

Ravioli mit Hühnerfüllung
(Frantz de Rontzier)

Für die Füllung hackt man Hühnerbrüste mit Schweineschmalz, Muskatblüten, Safran und Parmesankäse. Wenn die Ravioli gar sind, gibt man sie mit ein wenig Brüh in ein Silber, bestreut sie mit parmesanischem Käse und läßt sie auf Kohlen aufkochen.

Vorbereitung: 40 Min.
Kochzeit: 9 Min.

FÜR 4 PERSONEN
Für die Füllung

150 g	Hühnerbrust	50 g	Parmesan
	Salz und Pfeffer	1 EL	Butter
1/2 EL	Schweineschmalz	1	Eiweiß
1/2 TL	Muskatblüten	50 g	Parmesan
1 Msp	Safran	1 EL	Butter

Zubereitung Den Ravioliteig wie auf S. 51 vorbereiten. Die Hühnerbrüste mit Salz und Pfeffer würzen, im Schweineschmalz durchbraten, fein hacken und mit feingehackten Muskatblüten, Safran und geriebenem Parmesankäse mischen. Den ausgerollten Ravioliteig in Rondellen von ca. 8 cm Durchmesser schneiden. In jede Rondelle 1/2 TL Füllung und 1 Msp Butter geben, den Teigrand mit Eiweiß bestreichen und die Ränder zudrücken. In viel kochendes Salzwasser geben und ca. 4 Min. ziehen lassen. Mit der Schaumkelle aus dem Wasser heben, in einer feuerfesten Schüssel anrichten, mit Parmesan bestreuen, einige Butterflocken darüber geben und im Backofen bei 220 °C überbacken.

Gefüllte Gurken
(Frantz de Rontzier)

Von gefüllten Augurken: Augurken soll man schälen, wenn sie alt sind, aber nicht, wenn sie jung sind. Man hackt Kalbfleisch mit Eiern, Weißbrot, zerstoßenem Ingwer und ein wenig Salz, füllt die Augurken damit und macht sie fertig in Kapern, Butter und ein wenig Brühe.

Vorbereitung: 10 Min.
Kochzeit: 15 Min.

Für 4 Personen

2	Gurken	1/2 TL	Salz
150 g	gehacktes Kalbfleisch	1/2 EL	Butter
20 g	Weißbrot	1 dl	Brühe
1	Ei	2 EL	frische Kapern
1 Msp	Ingwer	1 EL	Butter

Zubereitung Das gehackte Kalbfleisch und Weißbrot mit dem Ei, Ingwer und Salz mischen und in heißer Butter anbraten. Die Gurken der Länge nach aufschneiden, aushöhlen und mit dem Fleisch füllen. Nebeneinander in eine Kasserolle legen, die Brühe dazugeben und im Backofen ca. 15 Min. bei 180 °C garen. Die Gurken auf die Teller legen, die Kapern in heißer Butter kurz andünsten und über die Gurken verteilen.
Kleine Zucchini eignen sich ebenfalls sehr gut für diese Zubereitungsart.

Erdnüsse mit Rosinen
(Frantz de Rontzier)

Erdnüsse siedet man eine Viertelstund im Wasser. Wenn sie gar sind, schält man sie, macht sie in einem kleinen Topfe ab mit kleinen Rosinen, Butter, Pfeffer und Wein.

Vorbereitung: 15 Min.
Kochzeit: 20 Min.

FÜR 4 PERSONEN

400 g	Erdnüsse	1 Msp	Pfeffer
$^1/_2$ EL	Butter	1 Msp	Muskatnuß
2 EL	Rosinen		Salz

Zubereitung Die Erdnüsse aus den Schalen nehmen und 15 Min. in $^1/_4$ l Wasser kochen. In einem Kochtopf die Butter erwärmen und mit den Rosinen, dem Pfeffer und der geriebenen Muskatnuß vermischen. Die braune Haut der Erdnüsse entfernen und mit der warmen Sauce begießen.
Die braune Haut verfärbt die Erdnüsse und gibt etwas Bitterstoff ab. Mit etwas Salz bestreut schmeckt uns die Vorspeise deshalb ausgezeichnet.

Erdnüsse an Orangensaft
(Frantz de Rontzier)

Erdnüsse brät man auch an in Butter. Wenn man sie zu Tische geben will, gibt man Pomeranzensaft, Salz und Pfeffer darüber.

Vorbereitung: 15 Min.
Kochzeit: 5 Min.

FÜR 4 PERSONEN

400 g Erdnüsse
1 EL Butter
Salz und Pfeffer
1 dl Orangensaft

Zubereitung Die Erdnüsse aus den Schalen und aus der braunen Haut pellen. In heißer Butter 5 Min. braten. Mit Salz und Pfeffer würzen und mit Orangensaft beträufeln.
Dieses Gericht sättigt sehr, für eine Vorspeise sollten Sie deshalb eher weniger als mehr zubereiten. Als Knabbermischung zu einem Aperitif eignet es sich ausgezeichnet.

Suppen

Königinsuppe

Hühnersuppe

Hühnersuppe mit grünen Erbsen

Pilzsuppe

Hanfsuppe

Rahmsuppe

Arabische Entensuppe

Königinsuppe
(La Varenne)

Nimm Mandeln, stoße sie und koche sie in guter Brühe mit ein paar Kräutern, einem Stück von dem Innern einer Zitrone, ein wenig Brotkrumen und Salz. Rühre gut um, damit die Mandeln nicht anbrennen, und siebe dann durch. Für eine andere Brühe werden Knochen von einem Rebhuhn oder einem gebratenen Kapaun genommen, in einem Mörser gestoßen und mit ein paar Pilzen gekocht. Wenn man die Brühe durch ein Leintuch hat durchlaufen lassen, tut man das Brot hinein und läßt sie weiterkochen. Nun kommt noch die Mandelbrühe dazu sowie der Bratensaft und feingehacktes Fleisch vom Rebhuhn oder Kapaun. Vor dem Anrichten kann man noch die Kämme, Pistazien, etwas Granatäpfel oder anderen Jus dazutun.

Vorbereitung: 20 Min.
Kochzeit: 25 Min.

FÜR 4 PERSONEN

1 l	selbstgekochte Hühnerbrühe	1	Zitronenschnitz
1/2	gebratenes Hühnchen oder Rebhuhn	2	Weißbrotscheiben
50 g	gemahlene Mandeln	1/2 TL	Salz
1/2	Rosmarinzweig	1 TL	getrocknete Steinpilze
1	Petersilienzweig	2 EL	Butter
1	Lorbeerblatt	1/2 EL	Pistazien
		1 EL	Granatapfelkerne

Zubereitung Das Geflügel von den Knochen lösen und das Fleisch grob hacken. Die Knochen zerbrechen. Die gemahlenen Mandeln, das Kräuterbündel, den Zitronenschnitz, die Brotrinde und das Salz in 4 dl Hühnerbrühe ca. 10 Min. köcheln und danach durch ein Tuch drücken. Die restliche Hühnerbrühe zusammen mit den Geflügelknochen und den Pilzen 10 Min. kochen, danach absieben. Das Brot in Würfel schneiden, in Butter goldbraun rösten und zusammen mit der Hühnerbrühe, der Mandelbrühe und dem gehackten Fleisch nochmals aufkochen. Einige Granatapfelkerne und gehackte Pistazien in die Suppenteller geben und die Königinsuppe darüber anrichten.
Ein sehr anspruchsvolles Gericht, und wir fragten uns, ob die vielen Kochschritte nicht der damaligen Gewohnheit gefolgt sind, alles lieber einmal mehr zu kochen als einmal zu wenig. Dennoch, das Ergebnis ist der Mühe wert: eine Hühnersuppe, die durch die Granatapfelkerne einen exzellent frischen Touch erhält.

Hühnersuppe
(Frantz de Rontzier)

Von mancherlei Suppen und zuerst von einer Kapaunsuppen: Man nimmt einen Kapaun und siedet ihn in seiner eigenen Brühe. Wenn der Kapaun schon fast gar ist, nimmt man Markknochen, die auch schon gar sein sollen und von denen alles Fleisch abgeschnitten ist. Nun nimmt man die Brühe von dem Kapaun, läßt sie durch ein Haartuch laufen, darnach tut man den Kapaun samt den Knochen hinein, die Markknochen in einer Höhe, so daß das Mark nicht herausfließen kann. Alsdann nimmt man Rosmarin und bindet es zu einem Bündel, damit das Gericht einen Geschmack davon gewinne. Darnach tut man Lorbeerblätter und ganze Muskatblüten drein. Alsdann nimmt man weißes Brot, in Scheiben geschnitten und geröstet. Wenn man's dann anrichten will, legt man es in eine silberne oder zinnerne Schüssel und begießt alles mit der Brüh. Die Knochen stell herum, doch aufrecht, so daß das Mark nicht ausfließe, das Bündel Rosmarin nimmt man heraus. Und wenn die Kapaune angerichtet sind, so kann man sie mit Granatapfelkernen und Muskatblüten bestreuen.

Vorbereitung: 10 Min.
Kochzeit: 150 Min.

Für 8 Personen

1 junges Suppenhuhn
3 l Wasser
3 TL Salz
1 Zwiebel
1 Lorbeerblatt
1 Nelkenkopf
1 Möhre
4 Markknochen
1 Rosmarinzweig
1 TL Muskatblüten
4 Weißbrotscheiben
1 EL Butter
Salz und Pfeffer
1 EL Granatapfelkerne

Zubereitung Die Zwiebel mit einem Lorbeerblatt und einem Nelkenkopf bestecken und zusammen mit der ganzen Möhre im Salzwasser aufkochen. Das gereinigte Huhn dazulegen und auf kleinem Feuer ca. 2 Std. garen. Das Huhn herausnehmen und die Hühnersuppe durch ein Sieb gießen. Die Markknochen stehend in die Pfanne geben, so daß das Mark nicht auslaufen kann. Das Huhn, den Rosmarinzweig und die Muskatblüten dazugeben und nochmals ca. 30 Min. köcheln. Die Hälfte des Huhns in mundgerechte Stücke schneiden und zurück in die Suppe geben. Mit Salz und Pfeffer abschmecken. Die Brotscheiben in Butter rösten und in die Teller legen. Je einen Markknochen auf das

Frans Snyders, *Obst- und Gemüsestand*

Brot legen und die Hühnersuppe darübergießen. Mit Granatapfelkernen bestreuen und servieren. Eigentlich handelt es sich um eine typische »Suppe« des Mittelalters und der Frührenaissance: Über raffiniert gekochtes Fleisch wird eine Brühe gegossen, für die – und das ist der Unterschied zum Mittelalter – große Mühe aufgewendet wird. Diese Hühnersuppe der Renaissance kann auch als Hauptgericht gereicht werden.

Hühnersuppe mit grünen Erbsen
(La Varenne)

Wenn die Hühner gut gesäubert und zusammengebunden sind, lege sie in einen Topf mit guter Brühe und schäume sie gut ab. Gib die Erbsen in einen Topf mit Butter oder Schmalz und koche sie leicht mit Lattichblättern, die vorher in frisches Wasser gelegt wurden. Laß Brot auch leicht mitkochen, richte das Huhn, die Erbsen und die Lattichblätter an und serviere.

Vorbereitung: 20 Min.
Kochzeit: 100 Min.

Für 4 Personen

1 junges Suppenhuhn
2 l Hühnerbrühe
300 g frische (oder gefrorene) Erbsen
1 EL Butter
1 kleiner Lattich
2 EL zerriebenes Weißbrot
Salz und Pfeffer

Zubereitung Das gereinigte Suppenhuhn in eine Kasserolle legen, die kalte Hühnerbrühe dazugeben und auf kleinem Feuer ca. 90 Min. kochen. Hie und da abschäumen. Die Erbsen aus den Schoten schälen und in Butter andämpfen. Die Lattichblätter mit kaltem Wasser abspülen, zerkleinern, zu den Erbsen geben und ebenfalls kurz andämpfen. 1 dl Hühnerbrühe dazugießen und 10 Min. köcheln. Das zerriebene Brot zugeben und nochmals 5 Min. kochen. Die Hälfte des Suppenhuhns in mundgerechte Stücke schneiden und zusammen mit dem Gemüse der Suppe beifügen. Mit Salz und Pfeffer abschmecken und servieren.

Frans Snyders, *Köchin mit Eßwaren*

Pilzsuppe
(Bartolomeo Scappi)

Um eine Trüffelsuppe zu machen, die von Sand und Erde gesäuberten Trüffel eine Viertel Stunde in heiße Asche geben. Oder man koche sie schnell in Wein und Pfeffer auf. Die Haut abziehen, die Trüffel in Stückchen schneiden und sie in ein glasiertes Tongefäß oder eine Kupferpfanne geben; mit viel süßem Öl bedecken, dazu etwas Salz und Pfeffer geben, langsam kochen lassen und nach und nach Melangolensaft oder Most zugeben. Geröstete Brotscheiben in eine Sauce aus Weißwein, Pomeranzensaft, Zucker, Zimt und Nelken legen. All das aufkochen und über die Trüffel in der Brühe gießen. Warm servieren und vorsichtig salzen.

Vorbereitung: 30 Min.
Kochzeit: 20 Min.

FÜR 4 PERSONEN

200 g	frische Edelpilze	1/4 l	süßer Weißwein
1/4 l	süßer Weißwein	1/4 l	Orangensaft
1/2 TL	Pfeffer	5 TL	Zucker
1 dl	Olivenöl	1/2 EL	Zimt
	Salz	5	Nelken
8 dl	saurer Most oder Cidre		

Zubereitung Die Pilze entstielen, in kaltes Wasser legen und mehrmals waschen (gilt vor allem für Trüffel und Morcheln). In der Wein-Pfeffer-Mischung aufkochen, abtropfen lassen und in mundgerechte Stücke schneiden. Öl in eine Pfanne geben und darin die Pilze langsam anschmoren. Dann den Most oder Cidre zugeben, eine gute Viertelstunde köcheln lassen. Abschmecken, nach Geschmack etwas Zucker und wenig Salz hinzugeben. Dann mit reichlich Brühe in eine Suppentasse oder einen Suppenteller geben. Inzwischen die gerösteten Toastscheiben in einen Topf mit Wein, Orangensaft, Zucker, Zimt und Nelken geben und kurz aufkochen. Die vollgesogenen Scheiben vorsichtig herausnehmen und über die Pilze legen. Warm servieren.
Scappi gibt dieses Rezept für Trüffel an, wir haben für diese geschmackvolle Suppe auch Edelpilze getestet und erhielten ein ausgezeichnetes Ergebnis. Das Gericht lebt vom Kontrast des eher säuerlichen, leicht bitteren Aromas der Brühe und dem vollgesogenen süßen Toastbrot. Mit dem Bitterorangensaft in der angegebenen Menge konnten wir uns jedoch nicht anfreunden, deshalb unser Vorschlag, ihn durch Most oder Cidre zu ersetzen.

Hanfsuppe
(Platina)

Nimm Hanfkörner, laß sie einen Tag und eine Nacht weichen. Was nach oben schwimmt, die leeren Hülsen, wirf weg, das andere stoße mit Mandeln, die schön ausgeschält sind. Zerreib's so gestoßen mit Erbsenbrüh, tu Zucker drein und ein wenig Rosenwasser. Laß es miteinander feinwohl ein Achtteil einer Stunde sieden, und rühr es oft um.

Vorbereitung: 10 Min. und 24 Std. einweichen
Kochzeit: 15 Min.

Für 4 Personen

- 1 l Wasser
- 100 g geröstete Hanfsamen (aus dem Reformhaus)
- 2 Würfel Gemüsebrühe
- 50 g Mandeln, geschält und gemahlen
- 50 g Erbsen
- 1/2 TL Zucker
- 1 TL Rosenwasser
- Salz und Pfeffer

Zubereitung Die Hanfsamen 24 Std. in Wasser einweichen. Danach Samen, die auf dem Wasser schwimmen, abschöpfen und wegwerfen. Alles andere in eine Pfanne gießen und mit den Würfeln Gemüsebrühe aufkochen. Die gemahlenen Mandeln und die zerstoßenen Erbsen zusammen mit dem Zucker und dem Rosenwasser in die Brühe geben und unter stetigem Rühren 15 Min. kochen. Durch ein Sieb gießen, nochmals aufkochen und mit Salz und Pfeffer abschmecken.
Eine wenngleich schwere, so doch ausgezeichnete Suppe.

Rahmsuppe
(Philippine Welser)

Nimm Rahm und siede ihn gleich wie bei einer Milchsuppe. Schlage drei oder vier Eier auf, schütte sie hinein und laß die Suppe dann nicht mehr kochen. Schneide eine Semmel zu Würfeln und röste sie in Schmalz. Richt die Suppe darüber und salz noch ein wenig.

Vorbereitung: 10 Min.
Kochzeit: 15 Min.

Für 4 Personen

1 l	kräftige Gemüsebrühe	1 EL	Butter
1/4 l	Rahm	1 EL	Petersilie
4	Eigelb		Salz und Pfeffer
4	Toastbrotscheiben		

Zubereitung Den Rahm mit dem Schneebesen in die heiße Brühe rühren und 10 Min. köcheln lassen. Die Pfanne vom Feuer nehmen und die aufgeschlagenen Eigelb unterziehen, sobald die Suppe nicht mehr kocht. Mit Salz und Pfeffer abschmecken. Das Toastbrot in Würfel schneiden und in heißer Butter goldbraun rösten. Die Suppe darübergießen und mit gehackter Petersilie bestreuen.

Pieter Cornelis van Ryck, *Küchenstück*

Arabische Entensuppe
(Pierre de Lune)

Eine Ente wird stark gespickt und angebraten. Rüben werden sehr klein geschnitten und mit der Ente in heißem Wasser gekocht. Salz, Gewürze, Pfeffer und Nelken werden hinzugegeben. In einen kleinen Topf gießt man Weißwein und kocht darin zwei Dutzend Katharinenpflaumen. Sind sie gekocht, preßt man sie und gießt sie mit dem Saft in einen Topf. Dahinein legt man die Ente und gibt Kapern und abgeschälte Oliven dazu. Dann weicht man darin Brotkrusten ein und gießt Zitronensaft hinzu. Beim Anrichten legt man Zitronenscheiben und Granatapfelkörner dazu.

Vorbereitung: 20 Min.
Kochzeit: 60 Min.

FÜR 8 PERSONEN

1 junge Ente
1 EL Olivenöl
2 EL Wasser
2 Karotten
1 EL Salz
1 Msp Safran
1/2 TL Pfeffer
1 Msp Nelkenpulver

Für das Pflaumenmus

100 g Dörrpflaumen
2 dl Weißwein
1 EL Paniermehl
1/2 Zitrone
2 EL Kapern
1 EL schwarze Oliven
Salz und Pfeffer

Zum Garnieren

1 Zitrone
1 Granatapfel

Zubereitung Die Ente säubern, trockenreiben und in der Bratpfanne auf allen Seiten anbraten. Das Wasser aufkochen, die klein geschnittenen Karotten, Salz, Gewürze, Pfeffer, Nelken und die Ente zugeben und auf kleiner Flamme ca. 50 Min. köcheln. Die Ente aus dem Topf nehmen und die Suppenbrühe beiseite stellen. Die Ente in mundgerechte Stücke schneiden.
Die Pflaumen entsteinen und im Weißwein 10 Min. kochen. Danach mit dem Mixer pürieren, das Paniermehl, den Zitronensaft, die Kapern, die entsteinten und gehackten Oliven untermischen und in der Suppe verquirlen. Die Ente hineingeben, die Suppe nochmals aufkochen, mit Salz und Pfeffer abschmecken und mit Zitronenscheiben und Granatapfelkernen garnieren.

Eier

Eier à la Varenne
(La Varenne)

Das Weiße der Eier in einer Pfanne in Butter braten und dann in heißes Zuckerwasser geben. Nach dem Kochen die Eier herausnehmen und mit Orangenwasser begießen.

Vorbereitung: 15 Min.
Kochzeit: 10 Min.

FÜR 4 PERSONEN

- 4 Eiweiß
- 1/2 EL Butter
- 1 TL Orangenblüten
- 1 EL Zucker
- 1/2 dl Wasser
- 1 EL Orangensaft
- 2 dl Wasser
- 4 EL Zucker

Zubereitung Orangenblüten mit Zucker und Wasser aufkochen, Orangensaft beifügen, absieben und erkalten lassen. Zucker und Wasser mischen und kochen. Das Eiweiß in Butter portionsweise anbraten und dann kurz im Zuckerwasser aufkochen. Das Eiweiß herausnehmen, anrichten und mit Orangenblütensirup beträufeln.

Ein Rezept mit ungewohntem, aber wohlschmeckendem Ergebnis. Zwei Renaissance-Vorlieben sind hier kombiniert: die aus der römischen Küche übernommenen Eier, in der Tat das allgemeinste, ständig verfügbare Nahrungsmittel, und der Zucker, die Prestige- und Trendzugabe der vornehmen Küche.

Eier auf Mailändische Art
(Pierre de Lune)

Zucker wird in ein wenig Wasser aufgelöst und leicht aufgekocht. Die Eidotter werden mit einem silbernen Löffel in das sehr heiße Zuckerwasser gelegt und nacheinander herausgenommen. Hat man dies getan, legt man in das übriggebliebene Zuckerwasser abgeschälte Pistazien, Zitronenscheiben und etwas Orangenblüte hinein und begießt die Eier mit dieser Sauce und Zitronensaft.

Vorbereitung: 5 Min.
Kochzeit: 10 Min.

FÜR 4 PERSONEN

- 1 l Wasser
- 5 EL Zucker
- 8 Eidotter
- 1 EL Pistazienkerne
- 1/2 Zitrone
- 2 EL Orangenlikör, z. B. Grand Marnier
- 1 EL Zitronensaft

Zubereitung Das Wasser mit dem Zucker aufkochen, die Eidotter vorsichtig dazugeben und 6 Min. ziehen lassen. Die Eier herausheben und warm stellen. Die geschälten Pistazienkerne, die Zitronenscheiben und den Orangenlikör zum Zuckerwasser geben und 3 Min. kochen. Die Eidotter mit der Sauce und mit Zitronensaft begießen und warm servieren.

Senfeier
(Frantz de Rontzier)

Eier mit Senf mache so: Hart gesottene Eier schneidet man einmal oder in Viertel durch, legt sie schichtweise in eine Schüssel, vermischt Butter und Senf, gibt's mit gehackter Petersilie über die Eier und läßt's aufkochen.

Vorbereitung: 10 Min.
Kochzeit: 65 Min.

FÜR 4 PERSONEN

8 Eier
1 EL Butter
2 EL Mehl
5 dl Brühe
1 EL Senf
Salz und Pfeffer
1 EL Petersilie

Zubereitung Die Butter erhitzen, das Mehl dazugeben, verrühren und mit der Brühe zu einer Sauce vermischen. Unter ständigem Rühren ca. 10 Min. köcheln. Den Senf dazugeben, mit Salz und Pfeffer abschmecken und nochmals 5 Min. kochen. Die Eier nicht zu hart kochen, schälen und halbieren. In die Sauce legen, mit gehackter Petersilie bestreuen und nochmals aufkochen.

Rühreier
(Platina)

Eier kann man auf mancherlei Weise zubereiten. Nimm Eier, schlage sie auf, rühre sie wohl um mit ein wenig Wasser und Milch. Tu geriebenen Käse daran, mische es zuhauf, koch's mit Butter oder Öl, rühre es oft um, laß es nicht zu dick werden. Willst du es gerne grün haben, so tu daran ein wenig Petersilie, den Saft von Ochsenzungen, Balsamkraut, Majoran, Salbei oder anderm. Nimm die Kräuter, zerschneid sie fein klein, röste sie in Öl oder Butter, tu sie in den Teig und back ihn. Das nähret wohl, wird nicht bald verdauet, ist aber der Leber gesund.

Vorbereitung: 5 Min.
Kochzeit: 5 Min.

Für 4 Personen

8 Eier
2 EL Wasser
1 dl Milch
50 g geriebener Käse, z. B. Parmesan
1 EL gehackte Kräuter, z. B. Petersilie, Salbei, Majoran
Salz und Pfeffer
1 EL Bratbutter

Zubereitung Die Eier zusammen mit dem Wasser und der Milch aufschlagen. Geriebenen Käse und Salz sowie Pfeffer untermischen. Wenn gewünscht können auch gehackte Kräuter hinzugegeben werden. Dazu werden die Kräuter vorher in Butter gedünstet. Die Bratbutter erhitzen und die Eiermasse anbraten. Immer wieder umrühren. Die Rühreier sollten etwas feucht bleiben.

Gemüsemarkt (Der Sommer), Holländische Schule, 1590

Gefüllte Eier im Teigmantel
(Philippine Welser)

Willst du gefüllte Eier backen, so koche Eier hart und schäle sie sauber, schneide das Gelbe heraus und hacke es mit Petersilie und Salbei und tu auch sonst gut Gewürz daran. Dann tu's wieder in das Weiß und deck immer zwei Eihälften übereinander. Mach einen Blätterteig und kehr die Eier darin. Tu's dann in Schmalz und laß die Eier im Teig gemächlich backen. Danach leg sie in gelbe oder schwarze Brühe.

Vorbereitung: 20 Min.
Kochzeit: 35 Min.

Für 4 Personen

4	Eier
1 Zweig	Petersilie
4	Salbeiblätter
200 g	Blätterteig
2 EL	Butter
1	Schalotte
2 dl	Brühe
1 EL	Kräuteressig
4 EL	Rahm
1 Msp	Safran
	Salz und Pfeffer

Zubereitung Die Eier 8 Min. kochen, erkalten lassen, schälen und halbieren. Das Eigelb herauslösen und zusammen mit der Petersilie und dem Salbei sehr fein hacken. Mit Salz und Pfeffer würzen. 4 Eihälften damit füllen und mit den anderen Hälften bedecken. Den Blätterteig dünn ausrollen, Rechtecke von ca. 10 x 15 cm schneiden, die Eier damit einschlagen und die Teigränder mit etwas Wasser zusammenkleben. Die Teigtaschen mit flüssiger Butter bestreichen und im Backofen bei 200 °C ca. 25 Min. backen.
Für die Sauce zuerst die gehackte Schalotte in Butter andünsten, mit Brühe und Essig ablöschen und auf die Hälfte einkochen lassen. Abseihen, mit Rahm verfeinern und nochmals aufkochen. Die Sauce mit Safran, Salz und Pfeffer würzen und zu den Eiern servieren.

Aus dem Meer

Gefüllte Langusten

Gegrillte Austern

Krebse an Apfelsauce

Muscheln an Orangensaft

Seezunge an Birnensauce

Meerfisch im Saft

Seeteufelpastete

Sardinen

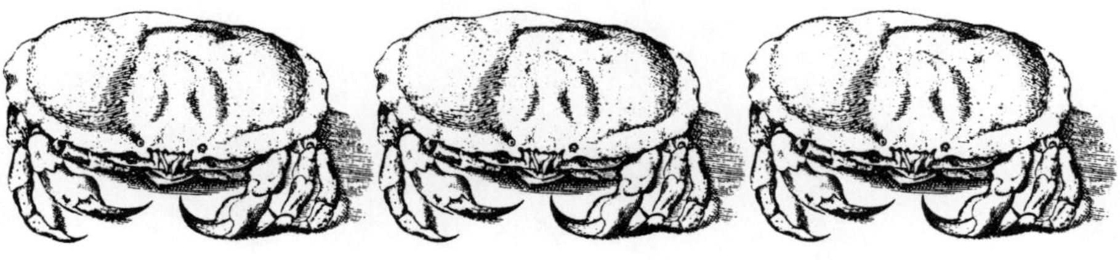

Gefüllte Langusten
(Bartolomeo Scappi)

Man wähle die beste unter den Meereslangusten und blanchiere sie in Wasser und Salz, schäle das Fleisch vom Schwanz her heraus, putze den Körper und lasse dabei die Schale ganz. Mach eine Masse aus geschlagenem Fleisch, geriebenem Cascio-Käse, Ei und Kräutern und fülle alles wieder in die Languste.
Wenn zwei Langusten vorhanden sind, eine volle Schale über eine leere geben, beide zusammenbinden und die neue Languste anschließend in Butter oder Öl fritieren. Gekocht werden sie auf dem Teller heiß mit Gewürzen serviert.
Soll man die Languste auf dem Grill zubereiten und hat man nur eine, so muß man den Bauch vorsichtig aus der Schale heraustrennen. Wenn die Languste gefüllt ist, stellt man mit Geschick den Bauch wieder zusammen als Ganzes, gibt noch ein Scheibchen Brot darauf und bindet das Ganze mit einer Schnur zusammen, so daß das Fleisch nicht aus der Langustenschale fällt. So kann man die Languste auf den Grill geben und danach zur Tafel tragen.

Für 4 Personen

- 1 Languste (ca. 1,5 kg)
- 4 Eigelb
- 2 EL Petersilie
- 1 EL Zitronenmelisse
- 1 EL Liebstöckel
- 1 EL Basilikum
- 4 EL Parmesan

Zubereitung Die möglichst frische Languste in einen großen Topf mit siedendem Salzwasser geben und eine Viertelstunde kochen. Herausnehmen, abtropfen lassen, das Fleisch vom Schwanz her auslösen, ohne die Schale zu beschädigen. Das Fleisch fein hacken, mit dem Eigelb, den feingehackten, frischen Gewürzen und dem Parmesan mischen und die Languste damit füllen.
Das Schwierige ist in der Tat, eine Languste so zu füllen, daß nichts herausfällt, und sie so zu erhitzen, daß nichts verdorben wird. Vor diesen Gefahren feit, die Languste in Folie einzuschlagen und sie dann noch etwa 10 Min. zu grillen. Durch diese einfache Methode bleibt das Aroma des feinen Fleisches erhalten. Würde man die Languste fritieren, ginge es verloren. Eine andere, von Scappi nicht vorgeschlagene Zubereitungsmethode ist, die Languste nochmals ca. 10 Min. in siedendem Wasser zu kochen.

Gegrillte Austern
(Sabina Welser)

Wascht die Austern schön sauber und öffnet sie, salzt und pfeffert sie und legt sie in die Hälfte der Schale, in der ihr sie gefunden habt, auf den Rost. Gießt Butter darauf und laßt sie in Glut braten, so lange wie man Eier brät. Anschließend bringt sie warm auf den Tisch, aber so, daß die Butter dabeibleibt.

Vorbereitung: 15 Min.
Kochzeit: 1/2 Min.

FÜR 4 PERSONEN
20 Austern
Salz und Pfeffer
50 g Butter

Zubereitung Die Austern unter fließendem Wasser abbürsten und mit einem Austernmesser öffnen. Das Austernfleisch aus der Schale lösen, abspülen und mit Salz und Pfeffer vorsichtig würzen. Danach die Austern wieder in die Schalenhälften legen und eine frische Butterflocke darauf setzen. Einen Grillrost mit Alufolie überspannen, die Austern darauf legen und 30 Sek. rösten. Die Austern müssen, damit sie nicht zäh werden, sehr schnell und kurz erhitzt werden.

Krebse an Apfelsauce
(Frantz de Rontzier)

Man bricht gesottene Krebse aus, hackt sie mit Äpfeln, kleinen Rosinen, Zucker, Zimt, Butter, Eidottern und weißem Brot, füllt die Krebse damit und hackt sie in Butter, streicht die Schale mit Wein durch ein Harntuch, gibt's über die Krebse und löscht sie ab mit Zucker und Zimt.

Vorbereitung: 60 Min.
Kochzeit: 15 Min.

FÜR 4 PERSONEN

4 Taschenkrebse (lebend oder lieber gekocht)

1/2 TL	Zimt	1 EL	Butter
2	Äpfel	1 dl	trockener Weißwein
4	Eier	1/2 TL	Zucker
40 g	Weißbrot ohne Rinde	1 Msp	Zimt
1 EL	Rosinen		Salz und Pfeffer
1 TL	Zucker	1 TL	Rohzucker
1 Msp	Zimt	4	Zimtstengel

Zubereitung Die lebenden Krebse einzeln kopfvoran in siedendes Wasser werfen, 5 Min. kochen und wieder herausnehmen. Prüfen, ob sämtliche Krebse getötet sind, dann alle ca. 30 Min. in Salzwasser mit etwas Zimt garen – diese Methode kennen wir aus Feinschmeckerrestaurants, aber selbstverständlich kann man die Krebse auch fertig gekocht kaufen. Das Krebsfleisch aus dem Panzer und den Scheren lösen. Zusammen mit den Äpfeln mischen. Die Panzerschalen gut reinigen, innen mit Butter bestreichen und mit dem Krebsfleisch füllen. Im Backofen bei 180 °C ca. 5 Min. backen. Die Panzerreste in 2 dl Krebssud und dem Weißwein kochen, die Flüssigkeit durch ein Sieb gießen, mit Zucker, Zimt, Salz und Pfeffer abschmecken und über die Krebse geben. Nochmals 5 Min. in den Backofen schieben. Anrichten und, je nach Geschmack, mit Zucker und Zimt garnieren.

Muscheln an Orangensaft
(Frantz de Rontzier)

Von Muscheln: Man bricht sie aus, wenn sie gesotten sind, schwitzt Zwiebeln in Butter, tut sie dazu hinein, läßt sie durchbraten, bestreuet sie mit Salz und Pfeffer und beträufelt sie mit Pomeranzensaft.

Vorbereitung: 30 Min.
Kochzeit: 10 Min.

Für 4 Personen

2 kg	Miesmuscheln	1	Zwiebel
2 l	Wasser	1 EL	Butter
1 dl	herber Weißwein		Salz und Pfeffer
2	Schalotten	1 dl	Orangensaft
1	Knoblauchzehe		

Zubereitung Die Muscheln mit einer Bürste unter fließendem Wasser gründlich reinigen. Die bereits offenen Muscheln wegwerfen. Den Bart entfernen. Wasser, Wein, gehackte Schalotten und Knoblauch aufkochen und die Muscheln zugeben. Sobald sie sich geöffnet haben (ca. nach 3 Min.), die Muscheln aus dem Sud nehmen, etwas abkühlen und aus den Schalen lösen. Das Fleisch nochmals reinigen. Die Zwiebel in sehr feine Ringe schneiden und in einer Bratpfanne in Butter dünsten. Die Muscheln hinzugeben und anbraten. Mit Salz und Pfeffer abschmecken und mit Orangensaft beträufeln.

Seezunge an Birnensauce
(Frantz de Rontzier)

Von frischen Zungenfischen: Man siedet Birnen samt weißem Brot in Wein, streicht's durch ein Harntuch, kocht die Fische darin, macht sie dann ab mit Butter und zerstoßenem Ingwer, bestreuet sie mit Ingwer und gibt sie zu Tisch.

Vorbereitung: 10 Min.
Kochzeit: 15 Min.

Für 4 Personen

4	Seezungenfilets	1 dl	Wasser
1	Birne		Salz und Pfeffer
20 g	Weißbrot ohne Rinde	1 EL	Butter
1 dl	Weißwein	1 Msp	Ingwer

Zubereitung Die Birne schälen, in Stücke schneiden und zusammen mit dem Weißbrot 10 Min. in Wasser und Weißwein kochen. Danach passieren, nochmals aufkochen, bei Bedarf mit Wasser verdünnen und mit Salz und Pfeffer abschmecken. Die Seezungenfilets dazugeben und 5 Min. leicht kochen. Die Butter heiß werden lassen, den Ingwer darin kurz anrösten und die Sauce vor dem Servieren über das Fleisch gießen.

Meerfisch im Saft
(Bartolomeo Scappi)

Man nehme einen frischen Goldbrassen, schuppe ihn und entferne die Innereien, wasche ihn und lege ihn in ein Tongefäß, gebe Wein, Wasser, Most, Salz, Pfeffer, Safran, Zwetschgen – im Winter getrocknete Sauerkirschen, im Sommer Frühlingszwiebeln, Stachelbeeren oder entkernte Trauben – dazu. Das laß kochen, und zu aller Letzt gebe eine Handvoll gestoßene Kräuter dazu. Willst du den Sud etwas kräftiger haben, füge geriebene Mandeln bei.

Vorbereitung: 20 Min.
Kochzeit: 10 Min.

FÜR 4 PERSONEN

600 g Fischfilet von einem kräftigen Meerfisch
2 l Wasser
2 dl Weißwein
2 dl Most
Salz und Pfeffer
1 Prise Safran
50 g entsteinte und halbierte Weichseln
1 Bd Frühlingszwiebeln
2 EL feingehackte Kräutermischung aus Salbei, Majoran, Estragon, Dill und Basilikum
1 EL geriebene Mandeln

Zubereitung Wein, Wasser, Salz, Pfeffer, Most, Safran, die entkernten und geviertelten Weichseln sowie die feingehackten Frühlingszwiebeln gut vermischen, in eine flache Fischpfanne geben und 10 Min. kochen lassen. Dann die Hitze so weit reduzieren, daß es nur noch leise köchelt. Nun die Fischfilets in die Pfanne legen und 6–8 Min. im Sud garen lassen. Nach 5 Minuten die feingehackten Kräuter und nach Geschmack die geriebenen Mandeln beigeben. Portionsweise mit etwas Sud servieren. Als Fisch empfehlen wir neben Goldbrassen jeden Meerfisch mit kräftigem Eigengeschmack. Soll es schnell gehen, können auch Fischfilets genommen werden.

Seeteufelpastete
(Philippine Welser)

Nimm den Fisch, mach Stücke daraus, als wollte man sie sieden. Tu den Teig in einen runden Hafen und tu den Fisch darauf und Salz und zwei gute Brocken Schmalz. Dann bedeck's mit Teig, bestreich alles mit einem Ei und back's. Wenn es eine Stunde gebacken hat, so nimm das Weiß von einem Ei und einen guten Wein, klopf das wohl durcheinander und schütt diesen Brei mit einem Trichterlein hinein und laß es danach noch gut backen.

Vorbereitung: 25 Min.
Kochzeit: 40 Min.

Für 4 Personen

1 kg	Seeteufel
	Salz und Pfeffer
1 EL	Thymian
1 EL	Butter
1 dl	trockener Weißwein
4	Eiweiß

Für den Teig

200 g	Mehl
80 g	Butter
1 dl	Salzwasser
1	Ei zum Bestreichen

Zubereitung Den gereinigten Fisch in mundgerechte Stücke schneiden und mit dem gehackten Thymian, Salz und Pfeffer würzen. Die Pastete, wie auf S. 52 beschrieben, vorbereiten. Mit dem Fischragout füllen und dieses mit Butterflocken belegen. Die Pastete fertig machen, aus dem restlichen Teig eine Rosette formen, in die Mitte des Deckels setzen und weitere Verzierungen anbringen. Die Pastete mit dem Eigelb bestreichen. Den Backofen auf 200 °C vorheizen und die Pastete 20 Min. backen. Den Weißwein mit dem Eiweiß verrühren und mit Salz und Pfeffer würzen. Die Rosette aus der Pastete schneiden, die Flüssigkeit mit Hilfe eines Trichters in die Pastete gießen, den Deckel mit der Rosette wieder verschließen und nochmals 20 Min. backen.

Sardinen
(Frantz de Rontzier)

Man wäscht die Sardinen in Wasser, Wein oder Essig aus, legt sie in ein Silber, wenn sie von den Gräten abgezogen sind, und macht sie ab mit Butter, Muskaten und Wein, deckt sie zu und läßt sie auf Kohlen durchkochen. Wenn man sie zu Tisch bringt, träufelt man Pomeranzensaft darüber.

Vorbereitung: 15 Min.
Kochzeit: 5 Min.

FÜR 4 PERSONEN

600 g	in Öl und Salz konservierte Sardinen
5 dl	Wasser
1 dl	Weißwein
1/2 EL	Butter
1 Msp	Muskatnuß
1/2 dl	trockener Weißwein

Zubereitung Wasser und Wein mischen und die Sardinen darin auswaschen. Die Fische am Rücken aufschneiden, Köpfe und Gräten entfernen. In eine Kasserolle legen, Butter, Muskatnuß und Wein dazugeben und zugedeckt 5 Min. leicht kochen. Vor dem Servieren mit Orangensaft beträufeln.

Süßwasserfische

Lachs mit Muskatblüten

Saiblingspastete

Zander im Topf

Süß-saurer Hecht auf polnische Art

Karpfen mit Zwiebeln

Gefüllter Aal

Hecht auf ungarische Art

Polnische Sauce zu Hecht

Fisch im Teig

Aalpastete

Gefüllte Forellen

Lachs mit Muskatblüten
(Frantz de Rontzier)

Vom Lachs: Ihn hackt man klein, tut ihn in einen Topf mit Wein, Butter und kleinen Rosinen. Wenn er ein wenig gekocht hat, tut man Muskatblüten und hartgesottene Eyerdotter darauf.

Vorbereitung: 5 Min.
Kochzeit: 10 Min.

FÜR 4 PERSONEN

600 g geräucherter Lachs
1 dl herber Weißwein
1 TL Butter
1/2 EL Rosinen
1/2 TL Muskatblüten
2 Eier

Zubereitung Die Eier kochen. Den geräucherten Lachs kleinschneiden. Wein, Butter und Rosinen aufkochen, den Lachs beigeben und 5 Min. leicht kochen. Mit Muskatblüten und gehacktem Eigelb bestreuen und warm servieren. Eine ganz einfache, aber sehr gute Vorspeise.

Saiblingspastete
(Sabina Welser)

Öffne den Fisch, tu die Eingeweide heraus und schneide schräge Schlitze hinein. Laß den Fisch sonst ganz, nimm Pfeffer und Ingwer, mische sie gut durcheinander, gib wenig Nelken dazu und salze den Fisch außen und innen gut. Nimm Butter oder ein anderes Schmalz und tu es in den Fisch hinein und außen drauf. Die Pastete mach so wie den Fisch und backe beides.
Zum Teig für die Pasteten nimm Roggenmehl, je nachdem wie der Fisch groß ist, und gieß Wasser, ungefähr anderthalb Maß, in eine Pfanne und einen guten Viertel Schmalz. Laß es miteinander kochen. Gib das Mehl auf den Tisch und schütte das festeste von dem obigen Schmalzwasser darauf, bis es ein guter, fester Teig wird. Du mußt ihn gut kneten, damit er gut und zäh wird. Danach mach zwei Teile daraus. Die roll so groß aus, wie der Fisch groß ist. Auf einen Teil der Pastete leg den Fisch, den anderen leg darüber und form ihn nach dem Fisch. Mach auch Flossen daran, nimm kleine Eisen und mach dem Teig Schuppen, auch Augen und alles, wie es ein Fisch hat. Dann schieb den Teigfisch in den Backofen, bestreich ihn mit einem Ei und du hast eine Fischpastete.

Vorbereitung: 20 Min. und 30 Min. ruhen
Kochzeit: 30 Min.

Für 4 Personen

4	Saiblinge à ca. 250 g
1 TL	Salz
1 Msp	Pfeffer
1 Msp	Ingwer
1 Msp	Nelkenpulver

Für den Teig

$1^1/_2$ dl	Wasser
1 TL	Salz
120 g	Butter
300 g	Mehl
2	Eigelb

Zubereitung Das Wasser mit der Butter und dem Salz erwärmen. Das Mehl zu einem Ring formen, die Flüssigkeit in die Mitte gießen und alles zu einem Teig verkneten. Zudecken und im Kühlschrank 30 Min. ruhen lassen. Salz, Pfeffer, Ingwer und Nelkenpulver miteinander vermischen und die gereinigten Fische innen und außen damit bestreichen. Den Teig ausrollen und in 8 gleich große Teile schneiden. Jeden Fisch auf ein Teigstück legen, mit Teig bedecken, die Teigränder mit Eiweiß befeuchten und gut aneinanderdrücken, so daß ein Teigfisch entsteht. Mit den Teigresten Flossen anbringen und mit dem Mes-

Osias Beert, *Stilleben mit Hummer*

serrücken Schuppen, Mund und Augen formen. Mit Eigelb bestreichen und im vorgeheizten Backofen ca. 30 Min. bei 200 °C backen.
Forellen, Karpfen oder Brassen eignen sich für diese Zubereitungsart ebenfalls. Hat man einen größeren Fisch, so wird nur eine Pastete gemacht.

Zander im Topf
(Philippine Welser)

Du mußt einen Scherben haben, der innen glasiert ist und auf Füßen steht, und einen Deckel muß er haben. Schuppe den Fisch, nimm ihn aus und lege ihn in den Topf, gib darein drei oder vier Batzen gutes Schmalz. Danach nimm ein wenig gebranntes Mehl und ein wenig Gewürz, auch das Gelb von einem Ei, ein wenig Estragon und ein wenig Weißwein. Rühr's durcheinander, deck alles zu, gib's in den Ofen und laß es backen. Nach einer Viertelstund kehr den Fisch um, würz noch nach und stell ihn zurück in den Ofen. Dann wird er gut.

Vorbereitung: 15 Min. und 30 Min. ziehen
Kochzeit: 30 Min.

Für 4 Personen

1,4 kg	Zander	2 EL	Butter
2 TL	Salz	1 EL	Mehl
1/2 TL	weißer Pfeffer	3 dl	trockener Weißwein
1 TL	Zitronensaft	1 dl	saurer Apfelsaft
1/2 EL	Kerbel	1	Eigelb
1/2 EL	Estragon		Salz und Pfeffer

Zubereitung Den Zander ausnehmen, schuppen, sauber waschen und gut trockentupfen. Salz, Pfeffer, Zitronensaft sowie die gehackten Kräuter mischen und den Fisch damit außen und innen einreiben. Ca. 1/2 Std. im Kühlschrank ziehen lassen. Den Zander in eine Glaskasserolle legen und mit Butterflocken belegen. Das Mehl in heißer Butter bräunen, mit Weißwein und saurem Apfelsaft ablöschen, die Sauce mit einem Eigelb binden und mit Salz und Pfeffer würzen. Den Fisch damit übergießen und im vorgeheizten Backofen bei 180 °C ca. 30 Min. pochieren. Nach der halben Garzeit den Zander vorsichtig wenden.

Süß-saurer Hecht auf polnische Art
(Philippine Welser)

Nimm den Hecht, schuppe ihn und wasch ihn sauber. Tu ihn hernach in eine Schüssel und salz ihn und laß ihn eine halbe Stunde darin liegen, derweil du Zwiebeln rund schneidest. Schneid auch einen Apfel rund und leg alles in Wein, tu noch einen Löffel Essig dazu. So daß eine gute, lange Weil gesotten, nimm den Hecht und leg ihn in die Brühe und laß ihn sieden. Mach ihn an mit Safran, Pfeffer, ein wenig Ingwer und Zucker. Versuche, daß es weder zu süß noch zu sauer ist.

Vorbereitung: 45 Min.
Kochzeit: 20 Min.

Für 4 Personen

1,5 kg	Hecht am Stück	1 EL	Kräuteressig
2 TL	Salz	1 Msp	Safran
1	Zwiebel	1/2 Msp	Ingwer
1	Apfel	1 EL	Zucker
3 dl	trockener Weißwein		Salz und Pfeffer

Zubereitung Den ganzen Hecht schuppen, säubern und gut waschen. Mit Küchenpapier trockentupfen. Innen und außen salzen und 30 Min. im Kühlschrank ruhen lassen. Die Zwiebel und den Apfel schälen, in Ringe schneiden und mit dem Weißwein und dem Essig 20 Min. kochen. Die Sauce etwas auskühlen lassen, den Hecht hineinlegen und ca. 15 Min. bei 70 °C ziehen lassen. Den Hecht herausheben und warm stellen. Die Sauce mit Safran, Ingwer, Zucker, Salz und Pfeffer würzen, nochmals aufkochen und über den Hecht gießen.

Karpfen mit Zwiebeln
(Philippine Welser)

Willst du ein Zwiebelfischlein machen, so nimm eine Zwiebel, schneid sie nicht zu klein und röste sie im Schmalz, damit sie lind werde. Und gieß daran einen guten Wein und ein wenig Essig und Salz. Und tu Safran, Ingwer, Zimt und Nelken daran und Zucker und laß das untereinander sein eine gute Weile, während die Zwiebel glasig werden. Dann schütte die Fische lebendig hinein und laß sie sieden.

Vorbereitung: 10 Min.
Kochzeit: 30 Min.

Für 4 Personen

1,2 kg	Karpfen
2	Zwiebeln
1 EL	Butter
1 dl	herber Weißwein
1 EL	Weinessig
1/2 TL	Salz
1 Msp	Safran
1 Msp	Ingwer
1/2 TL	Zimt
1 TL	Zucker
1 Msp	Gewürznelkenpulver
	Salz und Pfeffer

Zubereitung Die Zwiebel schälen und in Ringe schneiden. In der Bratpfanne die Butter erhitzen, die Zwiebelringe anbraten, mit Wein und Essig ablöschen und mit Salz, Safran, Ingwer, Zimt, Zucker und Gewürznelkenpulver würzen. 5 Min. köcheln lassen. Den Karpfen reinigen, in Stücke schneiden, mit Salz und Pfeffer würzen, auf die Zwiebeln legen und 20 Min. bei kleiner Hitze garen. Das Originalrezept schreibt vor, die Fische lebendig in die Pfanne zu geben. Das wäre allenfalls mit ganz kleinen Fischen möglich, doch so eine Anweisung konnten wir nicht akzeptieren.

Gefüllter Aal
(Philippine Welser)

Einen gefüllten Aal mache so: Zieh ihm die Haut ab und wasch ihn schön. Gib ihn in Essig und Wasser und laß ihn eine Weile darin liegen. Dann trockne ihn Stück für Stück ab. Danach nimm drei Walnüsse und Beeren, zerstoße sie und nimm hinzu auch Pfeffer, gute Kräuter, Ingwer und Muskat. Füll den Aal und bind ihn mit einem Bast oder Faden zu, damit die Füllung nicht herausfällt. Steck dann hurtig den Aal an einen hölzernen Spieß oder auf einen Brotspieß, und wenn er fast gebraten ist, dann begieße ihn mit heißem Schmalz. Wenn er ganz gebraten ist, dann nimm Pomeranzen und drück den Saft daraus. Wenn du den Aal vom Spieß herunterziehst, so schneid den Faden ab und leg ihn in eine Schüssel und gieß den Pomeranzensaft darüber.

Vorbereitung: 40 Min.
Kochzeit: 30 Min.

Für 4 Personen

1 kg Aal am Stück
1 l Wasser
1,5 dl Weinessig
1 TL Salz
1 EL Butter
1 TL Orangensaft

Für die Füllung

3 Walnüsse
4 Wacholderbeeren
1 Msp Pfeffer
4 Salbeiblätter
1 Knoblauchzehe
1 Msp Ingwer
1/2 TL Muskatblüten
Küchenfaden
Bratspieß

Zubereitung Den frischen Aal ohne das Schwanzstück, da dieses sehr viele Gräten hat, vom Fischhändler enthäuten und reinigen lassen. Den Aal ca. 30 Min. in das Gemisch aus Weinessig und Wasser legen. Hernach gut mit Küchenpapier abtrocknen. Walnuß, Wacholderbeeren, Pfeffer, Salbei, Knoblauch und Ingwer feinhacken und mit den Muskatblüten mischen. Den Aal innen und außen salzen, mit der Gewürzmischung füllen, mit Küchenfaden zubinden und auf einen Bratspieß stecken. Auf dem Grill ca. 30 Min. braten. Den Aal kurz vor Ende der Bratzeit mit heißer Butter übergießen. Vor dem Anrichten mit Orangensaft beträufeln.
Durch die Füllung erhält der Aal ein feines Aroma. Der Hauch von Orangen-

saft – mehr sollte es nicht sein – macht dieses Fischgericht zu etwas Besonderem. Heute wird unter Pomeranze hauptsächlich die Bitterorange verstanden. Vieles spricht jedoch dafür, daß es im Italien des 15. Jahrhunderts und seit dem 16. Jahrhundert in Augsburg Süßorangengärten gab. Und den Saft von Süßorangen sollte man auch wählen, um dem »gefüllten Aal« seinen optimalen Geschmack zu geben.

Hecht auf ungarische Art
(Sabina Welser)

Um einen Hecht zu machen in einer ungarischen Brühe, nehmt den Hecht, schuppt ihn und macht ihn zu Stücken. Nehmt einen guten Wein, schneid' Äpfel fein klein, laßt's darin sieden eine halbe Viertelstund. Alsdann legt den Hecht darein und laßt ihn darinnen sieden. Dann gebt acht Limonen hinein und ein wenig scharfen Essig und Safran. Und laßt ihn sieden, bis er genug gesotten ist.

Vorbereitung: 10 Min.
Kochzeit: 15 Min.

Für 4 Personen

800 g	Hecht	1 EL	Dill
2	Äpfel	1/2 EL	Limonensaft
1/2 dl	trockener Weißwein	1/2 EL	Weißweinessig
	Salz und Pfeffer	1 Msp	Safranfäden
		4	Limonenscheiben

Zubereitung Den Hecht säubern, entgräten und in mundgerechte Stücke schneiden. Die Äpfel schälen, in feine Scheiben schneiden und in dem Weißwein 5 Min. köcheln. Die Hechtstücke darauf legen, mit Salz, Pfeffer und gehacktem Dill würzen und 3 Min. ziehen lassen. Den Limonensaft, den Essig und die Safranfäden dazugeben und bei kleiner Hitze 5 Min. köcheln. Mit Limonenscheiben garnieren.

Polnische Sauce zu Hecht
(Sabina Welser)

Wollt ihr eine polnische Soße über einen Hecht machen, hackt Zwiebeln klein, je nachdem, wie groß sie sind, eine oder sechs, tut sie in eine saubere Pfanne mit Erbsenbrühe, laßt sie eine halbe Viertelstunde kochen und tut die Hechtstücke hinein, salzt sie und würzt gut mit Pfeffer und färbt sie gelb.

Vorbereitung: 25 Min.
Kochzeit: 20 Min.

FÜR 4 PERSONEN

800 g	Hecht
	Salz und Pfeffer

Sauce

1 l	Gemüsebrühe
600 g	frische Erbsen
2	Zwiebeln
1 Msp	Safran

Zubereitung Erbsen wie wir sie auch für das Erbsenmus auf S. 237 empfehlen, in der Gemüsebrühe 15 Min. kochen lassen. Die Erbsenbrühe abgießen, die gehackten Zwiebeln dazugeben und 10 Min. mitkochen. Den Hecht säubern, in Stücke schneiden und mit Salz und Pfeffer würzen. Die Erbsenbrühe mit Safran gelb färben, den Hecht hineinlegen und ca. 8 Min. gar ziehen lassen.

Fisch im Teig
(Platina)

Nimm einen Fisch, wasche ihn wohl, teil ihn durch die Gräten hindurch, besprenge ihn mit Salz, kehre ihn dick im Teig herum und laß ihn in einem Öfelein backen.

Vorbereitung: 10 Min. und 30 Min. zum Ruhen des Teigs
Kochzeit: 5 Min.

Für 4 Personen

600 g	Fischfilets, z. B. Egli oder Felchen
	Salz und Pfeffer
2 EL	Zitronensaft
	Öl für die Friteuse

Für den Bierteig

200 g	Mehl
1 TL	Salz
2,5 dl	Weißbier
2 EL	Olivenöl
3	Eiweiß

Zubereitung Bei der Teigwahl hielten wir uns an deutsche Platina-Adaptionen und schlagen daher einen Bierteig vor. Dazu das Mehl mit dem Salz mischen und langsam das Bier unterrühren. Damit der Teig geschmeidig wird, am Schluß das Olivenöl hinzugeben und ihn zugedeckt 30 Min. ruhen lassen. Das Eiweiß zu Schnee schlagen und vorsichtig unterziehen. Große Fischfilets halbieren, mit Salz, Pfeffer und Zitronensaft beträufeln und durch den Teig ziehen. In der Friteuse ca. 5 Min. knusprig backen.

Aalpastete
(La Varenne)

Man schneidet den Aal in runde Schreiben, taucht ihn in Eigelb, gibt Petersilie, Pilze, Spargel, Fischmilch, je nach der Jahreszeit Saft von Weintrauben oder Stachelbeeren hinzu und spart weder an Salz noch an Pfeffer. Dann tut man ihn auf den unteren Teig, bedeckt ihn und bestreicht den Teigdeckel mit Eigelb. Damit die Pastete fester wird, binde mit Butter bestrichene Papierstreifen um den Teig und darum einen Faden, der alles zusammenhält. Wenn die Pastete gebacken ist, verrühre drei Eigelb mit einem Schluck Traubensaft und ein wenig Muskat, das gieße in die Pastete. Dann schneide alles in vier Teile und serviere es schön angerichtet.

Vorbereitung: 40 Min.
Kochzeit: 50 Min.

FÜR 4 PERSONEN

800 g gehäuteter Aal
200 g Champignons
200 g Spargel
1 EL Petersilie
2 Eier
Salz und Pfeffer
1 EL weißer Traubensaft

Für die Sauce

2 EL trockener Weißwein
1 Eidotter
1 Msp Muskatnuß

Für den Teig

200 g Mehl
80 g Butter
1 dl Salzwasser
1 Eigelb zum Bestreichen

Zubereitung Den gehäuteten Aal sowie die Champignons in dünne Scheiben und den gekochten Spargel in ca. 4 cm lange Stücke schneiden. Die Eier kochen, schälen und die Petersilie mit den harten Eigelb hacken. Die Pastete vorbereiten und eine gebutterte Kuchenform mit zwei Dritteln des Teigs auslegen. Die Aalfülle hineingeben, mit Salz und Pfeffer würzen und mit Traubensaft beträufeln. Für die Pastete mit Teigresten eine Rosette formen, mit anderen Verzierungen auf dem Deckel anbringen, und die Pastete mit einem verquirlten Eigelb bestreichen. Den Backofen auf 200 °C vorheizen, die Pastete hineinschieben und 30 Min. backen. Den Weißwein mit einem Eigelb verrühren und mit Muskatnuß würzen. Nach 30 Min. Backzeit die Rosette aus der Pastete schneiden. Die Eigelb-Weißwein-Mischung in die Pastete gießen, die Rosette wieder aufsetzen und die Pastete nochmals 20 Min. backen.

Gefüllte Forellen
(Frantz de Rontzier)

Man schneidet die Forellen auf den Seiten klein ein. Man rührt Eier mit Butter und zerriebenem Brot, gibt zerstoßenen Ingwer, Pfeffer und Salz hinzu, füllet die Forellen damit, bratet sie, begießt sie mit Butter und besprengt sie mit Salz, wenn man sie zum Tisch geben will.

Vorbereitung: 15 Min.
Kochzeit: 10 Min.

Für 4 Personen

4 Forellen
2 EL Butter

Für die Füllung

2 Eier
1 EL Butter
20 g Weißbrot ohne Rinde
1 Msp Ingwer
1/2 TL Salz
1 Msp Pfeffer

Zubereitung Frische Forellen ausnehmen und schuppen lassen. Innen und außen waschen und trockentupfen. Die Haut mehrmals fein einritzen. Eier, zerlassene Butter, feingehacktes Brot, geriebenen Ingwer sowie Salz und Pfeffer mischen und die Forellen damit füllen. Die Forellen mit einem Zahnstocher schließen, in heißer Butter goldbraun braten und währenddessen immer wieder mit Butter begießen. Vor dem Servieren mit Salz bestreuen.

Fleisch

Kalbfleisch

Kalbfleischschnecken

Kalbfleischpastete

Gefüllte Kalbsbrust

Kalbfleischspießchen

Marinierte Kalbslende

Gefüllter Kohl

Kalbshackfleisch à la Varenne

Gehacktes Kalbfleisch

Kalbshaxen

Fleischkäse

Geschnetzeltes Kalbfleisch

Kalbfleischschnecken
(Sabina Welser)

Schneide Kalbfleisch von der Keule, schneid feine dünne Streifchen, ungefähr fingerdick, und klopfe sie auf beiden Seiten gut mit einem Messerrücken. Nimm Nierenfett und hack es klein, meng darunter alle guten Kräuter, Petersilie, Majoran, Salbei und was man sonst erhalten kann, und Salz, Pfeffer und Zimt. Wenn es nicht feucht genug sein sollte, tu Fleischbrühe daran. Und streich es danach auf die Kalbfleischstreifchen. Danach wickel sie schön zusammen, steck sie schön an Spieße und stell eine Bratpfanne darunter. Brate die Spieße schön im eigenen Saft und gieß, was wegläuft, oft wieder darüber. Was in der Fettpfanne an Brühe übrigbleibt, gieß vor dem Anrichten darüber. Es ist ein gutes Essen.

Vorbereitung: 20 Min.
Kochzeit: 10 Min.

FÜR 4 PERSONEN

4	Kalbsschnitzel à 180 g	1 TL	Liebstöckel
1 EL	Nierenfett, Mark oder Butter	1 TL	Salz
1/2 EL	Petersilie	1 Msp	Pfeffer
1 TL	Majoran	1/2 TL	Zimt
2	Salbeiblätter	12	Holzspießchen

Zubereitung Die Kalbsschnitzel in fingerbreite Streifen schneiden und klopfen. Butter oder fein gehacktes Nierenfett oder Mark mit kleingeschnittenen Kräutern, Salz, Pfeffer und Zimt vermengen. Das Kalbfleisch damit bestreichen, die Streifen zu Schnecken drehen und alle auf einen Holzspieß stecken. Den Spieß in einer Bratpfanne sehr rasch auf beiden Seiten braten. Für weitere 5 Min. die Hitze etwas wegnehmen und das Fleisch ständig mit dem eigenen Saft begießen.

Kalbfleischpastete
(Philippine Welser)

Für eine Pastete aus Kalbfleisch nimm Fleisch von der Haxe, such es wohl aus. Nimm danach Nierenfett von einem Ochsen und hacke es untereinander und salze es. Wenn es gehackt ist, so hol einen runden Hafen und nimm Weinbeeren und Ingwer und hack sie mit dem Fleisch und rühr's wohl um. Dann siede harte Eier, so viel du willst oder so groß die Pastete eben ist. Füll die Masse in den Hafen und steck die Eier ganz darein, tu auch ein wenig Safran dazu und zuletzt ein wenig Most, dann bedecke es und laß es fein backen. Dann misch ein wenig Brühe, ein wenig Safran, mach ein Löchlein oben hinein und tu die Brühe mit einem Trichterlein hinein und laß es fertig backen.

Vorbereitung: 150 Min.
Kochzeit: 80 Min.

FÜR 4 PERSONEN

800 g	Kalbshaxe am Stück
1 1/2 l	Rinderbrühe
300 g	beim Metzger vorbestellte Kalbsniere mit Nierenfett
1 TL	Salz
1 EL	Rosinen
1 Msp	Safran
2	Eier
1/4 dl	saurer Apfelsaft
1/4 dl	Brühe
1 Msp	Safran

Für den Teig

300 g	Vollkornmehl
120 g	Butter
1 1/2 dl	Salzwasser
1	Ei
1 Msp	Safran

Zubereitung Die ganze Kalbshaxe in die kalte Brühe legen, aufkochen und auf kleinem Feuer ca. 1 1/2 Std. ziehen lassen. Anschließend in der Brühe erkalten lassen. Das Fleisch von den Knochen lösen und zusammen mit den Kalbsnieren und dem Kalbsnierenfett hacken. Mit Salz, Rosinen, Ingwer und Safran würzen. Die Eier kochen. Den Pastetenteig zubereiten und eine gebutterte Spring- oder Pastetenform mit zwei Dritteln des Teigs auslegen. Die Hälfte der Fleischmasse hineingeben, die Eier schälen, das Eigelb darauf legen und mit dem restlichen Fleisch zudecken. Die Pastete wie auf S. 52 beschrieben fertig machen.
Ein Eigelb mit Safran mischen und die Pastete damit bestreichen. Den Backofen auf 180 °C vorheizen und die Pastete 50 Min. backen. Den sauren Apfelsaft, die Brühe und den Safran mischen. Die Rosette ausschneiden, die Flüssigkeit in die Pastete gießen, mit der Rosette den Deckel wieder verschließen und nochmals 30 Min. backen.

Pieter Aertsen, *Kücheninterieur,* um 1560

Gefüllte Kalbsbrust
(Philippine Welser)

Willst du eine gefüllte Kalbsbrust machen, so nimm eine Brust von einem Kalb und hack's und tu darunter ein Kalbsbries und allerlei gute Kräuter. Dann nimm vier Eier, Pfeffer und ein wenig Safran, rühr alles durcheinander und tu's in die Brust. Leg's in eine gute Fleischbrühe, tu einen Deckel darauf und laß es darin sieden.

Vorbereitung: 25 Min.
Kochzeit: 120 Min.

Für 4 Personen

- 1 kg Kalbsbrust mit einer Tasche
- 1 TL Salz
- 1 Msp Pfeffer
- 2 l kräftige Brühe

Für die Füllung

- 50 g Kalbsbries
- 150 g gehacktes Kalbfleisch oder Kalbsbrät
- 1 Msp Safran
- 1 EL Petersilie
- 1/2 EL Majoran
- 2 Schalotten
- 1 Ei
- 1/2 TL Muskatblüten

Zubereitung Die Kalbsbrust vom Metzger vorbereiten lassen. Das Kalbsbries 5 Min. in der Brühe kochen lassen, von den Häutchen befreien und fein hacken. Eine Farce aus dem Hackfleisch, den Gewürzen, den kleingeschnittenen frischen Kräutern, den gehackten Schalotten und dem Ei zubereiten. Die Kalbsbrust innen und außen mit Salz und Pfeffer würzen, füllen und zunähen. Die Brühe aufkochen, die Kalbsbrust dazugeben und ca. 2 Std. mehr ziehen als kochen lassen.

Kalbfleischspießchen
(Platina)

Nimm Kalbfleisch, schneid es so groß wie ein Ei, sprenge darauf Salz und zerstoßenen Koriander und Fenchel. Drücke das Fleisch zwischen zwei Tellern flach, steck einen Bratspieß hindurch, lege Blättlein von Speck dazwischen, daß sie nicht aufeinanderliegen und es zu trocken haben, wende sie am Feuer, bis sie gar sind.

Vorbereitung: 10 Min.
Kochzeit: 8 Min.

Für 4 Personen

800 g	Kalbfleisch	1 Msp	Koriander
400 g	Speckscheiben	1 Msp	Fenchelsamen
1 EL	Sonnenblumenöl	8	Holzspießchen
	Salz		

Zubereitung Das Kalbfleisch in Würfel schneiden, mit Sonnenblumenöl bepinseln, mit Salz, gemahlenem Koriander und Fenchelsamen bestreuen und abwechselnd mit Speckscheiben auf Holzspießchen stecken. Auf dem Grill oder in der Bratpfanne ca. 8 Min. auf allen Seiten rasch braten.

Marinierte Kalbslende
(La Varenne)

Man klopft das Fleisch, spickt es mit dicken Speckstreifen und gibt es in eine Marinade aus Essig, Pfeffer, Salz, Lorbeer, Nelken, Zitrone, Orange, Zwiebel, Rosmarin oder Salbei. Wenn es zum Braten an den Spieß kommt, wird es mit der Sauce begossen, bis es durchgebraten ist. Dann wird es in die Sauce getan, die mit geschabtem Brot oder Mehl verdickt ist. Das Gericht mit Pilzen oder Spargel schön anrichten.

Vorbereitung: 10 Min. – 1 Tag
Kochzeit: 130 Min.

FÜR 4 PERSONEN

1,5 kg	gespickter Kalbsbraten
1/2 EL	Mehl
1 TL	Butter
200 g	Spargelspitzen

Für die Marinade

4 EL	Olivenöl
1 EL	Weißweinessig
	Salz und Pfeffer
1	Zwiebel
2	Nelkenköpfe
1	Lorbeerblatt
1/2 TL	Orangenschalen
1/2 TL	Zitronenschalen
1	Rosmarinzweig

Zubereitung Den Kalbsbraten vom Metzger mit Fett spicken lassen. Aus dem Olivenöl, Essig, Salz, Pfeffer, der mit Nelken und Lorbeerblatt besteckten Zwiebel, Orangen- und Zitronenschalen sowie Rosmarin eine Marinade mischen und das Fleisch einen Tag lang darin einlegen. Danach abtrocknen, mit Salz und Pfeffer würzen und auf dem Grill am Drehspieß ca. 120 Min. braten. Immer wieder mit der Marinade begießen. Die restliche Marinade und den aufgefangenen Bratensaft aufkochen und absieben. Nach Geschmack etwas Butter dazugeben. Mehl und Butter mit einer Gabel kneten und als Flöckchen zur Sauce geben. 10 Min. köcheln lassen, mit Salz und Pfeffer abschmecken und über das aufgeschnittene Fleisch geben. Mit Spargelspitzen garnieren.
Wird das Gericht im Backofen zubereitet, das Fleisch vorher in sehr heißem Öl auf allen Seiten anbraten und dann zusammen mit der besteckten Zwiebel und dem Rosmarinzweig in eine Kasserolle legen. Bei 140 °C ca. 120 Min. zugedeckt im eigenen Saft garen. Hie und da mit dem Bratensaft und der Marinade beträufeln. Vor dem Aufschneiden 10 Min. in Alufolie eingewickelt ruhen lassen.
La Varenne gibt ein Filet an, doch wir erprobten das Gericht mit einem Schulterbraten: Das Ergebnis überzeugte uns sehr.

Gefüllter Kohl
(Philippine Welser)

Willst du ein gefülltes Weißkraut machen, so nimm den Kohl und gare ihn kurz. Nimm gehacktes Kalbfleisch, Nierenfett und allerlei gute Kräuter und schlag Eier hinein, würze mit Safran, Pfeffer und Muskatblüten. Füll das Kraut damit, und wenn es gefüllt ist, so laß es in Wasser sieden oder in einer guten Fleischbrühe und gib noch etwas Essig dazu.

Vorbereitung: 30 Min.
Kochzeit: 40 Min.

Für 4 Personen

8	Weißkohlblätter
300 g	gehacktes Kalbfleisch
50 g	gehackter Speck
1	Ei
1	Zwiebel
1	Knoblauchzehe
2 EL	Petersilie
1 EL	Liebstöckel
1 Msp	Safran
1/2 TL	Muskatblüten
	Salz und Pfeffer
5 dl	Brühe
1 EL	Weinessig
	Küchenfaden

Zubereitung Die Kohlblätter in heißem Salzwasser kurz blanchieren. Das Kalbfleisch, den Speck, das geschlagene Ei, die gehackten Kräuter und die Gewürze vermischen. Die Kohlblätter ausbreiten, mit der Füllung belegen, einrollen und mit Küchenfaden zubinden. Die Brühe mit dem Essig aufkochen und die Rouladen darin 40 Min. gar ziehen lassen.
Da die Kohlblätter nur schwer voneinander zu lösen sind, haben wir den ganzen Kohl blanchiert und einzelne Blätter abgezogen. Das haben wir so oft wiederholt, bis wir genügend einzelne, große Kohlblätter hatten.

Kalbshackfleisch à la Varenne
(La Varenne)

Kalbfleisch und Rinder- oder Hammelfett wird gut gehackt und gewürzt. Damit die Mischung zusammenbleibt, tu Eier hinein. Auf drei oder vier feinen Speckscheiben breitet man das gehackte Fleisch aus und bedeckt es mit Täubchen, Klößchen von Kalbsmilch, Spargel, Pilzen, Eigelb, Nieren, Hahnenkämmen und Artischocken. Auf dies alles kommt noch Fleisch hinauf. Wenn es gut gewürzt ist, läßt man es backen und serviert es dann.

Vorbereitung: 15 Min.
Kochzeit: 20 Min.

Für 4 Personen

600 g Kalbfleisch
20 g Rinderfett
4 Eier
Salz und Pfeffer
16 Speckscheiben
8 Spargelspitzen
4 Artischockenböden
40 g Pilze
Nach Belieben:
40 g Kalbsbries
2 Hahnenkämme

Zubereitung Das Kalbfleisch zusammen mit dem Rinderfett oder Speck hacken, mit 2 Eiern vermengen und mit Salz und Pfeffer würzen. Eierpfännchen mit Speckscheiben auslegen. 2 Eier kochen und schälen. Etwas gehacktes Fleisch auf den Speckscheiben verteilen, Spargelspitzen, Artischockenböden, Pilze, gehacktes Eigelb und nach Belieben gekochtes und zerschnittenes Kalbsbries und Hahnenkämme dazugeben. Mit gehacktem Fleisch zudecken, die Speckscheiben darüberschlagen und im Backofen bei guter Oberhitze ca. 20 Min. braten. In den Eierpfännchen servieren.
Auch nur mit Spargelspitzen oder Artischockenböden wird das »Kalbshackfleisch à la Varenne« zu einem schmackhaften und interessanten Gericht.

Gehacktes Kalbfleisch
(Frantz de Rontzier)

Kalbfleisch brät man in Butter, schlägt Eier darauf, rührt's um, streuet Salz und zerstoßenen Ingwer darauf, wenn man's will zu Tische geben.

Vorbereitung: 5 Min.
Kochzeit: 15 Min.

Für 4 Personen

800 g gehacktes Kalbfleisch
1 EL Sonnenblumenöl
4 Eier
Salz und Pfeffer
1 Stück Ingwer

Zubereitung Das gehackte Kalbfleisch im Öl anbraten. Die Eier aufschlagen, mit Salz, Pfeffer und dem zerstoßenen Ingwer würzen und über das Fleisch gießen. Nochmals braten, bis die Eier stocken.

Kalbshaxen
(La Varenne)

Kalbshaxen werden gebrüht und in zerlassenem Speck oder Fett angebraten. Dann zerschneidet man sie, gibt sie in einen Topf mit etwas Brühe und würzt mit Salz, Pfeffer, Nelken, Kräutern, einer Zwiebel und Kapern. Anstatt Mehl tut man etwas Teig hinzu. Gut verschlossen kann das Fleisch drei Stunden schmoren. Dann nimmt man den Deckel ab, läßt die Sauce kurz einkochen und tut noch einige Pilze hinzu.

Vorbereitung: 20 Min.
Kochzeit: 140 Min.

FÜR 4 PERSONEN

4 Kalbshaxen
1 EL Schweineschmalz
Salz und Pfeffer
1 Zwiebel
2 Nelkenköpfe
1 EL frische Kapern
1 Bündel aus Rosmarin, Oregano und Basilikum
3 dl Fleischbrühe
1/2 EL Butter
1 EL Mehl
100 g Champignons

Zubereitung Die Kalbshaxen waschen, abtrocknen und in Schweineschmalz anbraten. Mit Salz und Pfeffer würzen, in eine Kasserolle legen. Die mit den Nelkenköpfen besteckte Zwiebel, die Kapern, das Kräuterbündel, die Fleischbrühe sowie das mit Butter verknetete Mehl zugeben. Im Backofen zugedeckt bei kleiner Hitze ca. 2 Std. schmoren lassen. Von Zeit zu Zeit mit der Sauce übergießen. Die Zwiebel und die Kräuter entfernen und wenn nötig die Sauce etwas einkochen. Die in Scheiben geschnittenen Champignons zugeben. Nochmals 15 Min. schmoren.
Ein herzhaftes Wintergericht, das durch seinen intensiven und guten Duft höchst appetitanregend ist.

Fleischkäse
(Platina)

Siede Kalbsbrät, zerschneide es klein, stoß es im Mörser und tu hernach dazu ein wenig neuen Käse, aber auch alten, wohl geriebenen, ein wenig Petersilie und kleinen Majoran, fünf Eier wohl geschlagen. Dazu ein wenig Pfeffer, Ingwer und Safran, der gelb macht, laß es backen wie eine Torte.
Dies Essen macht feist, nähret wohl, ist der Leber gesund, macht aber Verstopfung.

Vorbereitung: 10 Min.
Kochzeit: 8 Min.

Für 4 Personen

600 g	Kalbsbrät	5	Eier
50 g	Parmesan	1 Tl	Salz
25 g	Mascarpone	1 Msp	Pfeffer
50	Speckwürfel	1 Msp	Zimt
1 EL	Petersilie	1 Msp	Ingwer
		1 Msp	Safran

Zubereitung Das Kalbsbrät gut mit geriebenem Parmesan, Mascarpone, Speckwürfeln, den feingehackten Kräutern, den Eiern, Salz, Pfeffer, Zimt, Ingwer und Safran mischen. Den Fleischkäse in eine gefettete Kuchenform geben und im Backofen bei 200 °C ca. 50 Min. backen.

Geschnetzeltes Kalbfleisch
(Frantz de Rontzier)

Kalbfleisch kann man auch mit Brunnenkresse, zerstoßenem Ingwer und Butter anmachen.

Vorbereitung: 5 Min.
Kochzeit: 10 Min.

Für 4 Personen

800 g	geschnetzeltes Kalbfleisch		Salz und Pfeffer
2	Schalotten	1 Msp	Ingwer
1/2 EL	Bratbutter	20 g	Brunnenkresse
		1 EL	Butter

Zubereitung Die gehackten Schalotten in Bratbutter anziehen lassen, das geschnetzelte Kalbfleisch zugeben und kräftig anbraten. Mit Salz, Pfeffer und Ingwer würzen, mit Brunnenkresse bestreuen und mit heißer Butter übergießen.
Ein ganz einfaches, aber raffiniertes Gericht!

Schweinefleisch

Gefülltes Spanferkel

Schweinskopf

Schweinerippchen

Gehackte Leber im Darmnetz

Geschnetzeltes Schweinefleisch mit Speck

Cervelatwürstchen

Bratwürste

Gefülltes Spanferkel
(Platina)

Stich ein junges Ferkel, welches noch an der Mutterbrust saugt. Schab die Haar fein ab von der Haut, schneid es danach vom Rücken herunter und nimm heraus, was im Bauch ist. Die Leber mit dem Speck, mit Knoblauch und anderen wohlschmeckenden Kräutern schneide klein, mische darunter guten geriebenen Käse, harte Eier, zerstoßenen Pfeffer und Safran und tu alles fein vermischt in das Ferkel. Nähe es zu, daß nichts herausfalle. Nun mag man's kochen oder an einem Bratspieß bei einer langsamen Glut fein braten, dann ist's gut. Indem man es aber brät, soll man's oft treffen mit Essig, Pfeffer, Safran, zusammen gemischt mit Salbei oder Rosmarin oder Lorbeerblättern. Das mag man auch tun, so man Gäns, Enten, Kranich, Kapaun oder Hühner bratet.

Vorbereitung: 30 Min.
Kochzeit: 4 Std.

Für 16 Personen

1	Spanferkel (ca. 8 kg)
1 EL	Olivenöl
	Salz und Pfeffer
200 g	Schweineleber
400 g	Bauchspeck und Fleisch
2	Knoblauchzehen
6	Salbeiblätter
40 g	Parmesankäse
6	Eier
2 Msp	Pfeffer
1 TL	Salz
1	Briefchen Safran
3 EL	Olivenöl

Für die Sauce

3 EL	Essig
1	Briefchen Safran
1 Msp	Pfeffer
1 EL	Rosmarinnadeln
	Küchenfaden

Zubereitung Das Spanferkel vom Metzger vorbereiten lassen, außen mit Olivenöl bepinseln und mit Salz und Pfeffer würzen. Die Schweineleber, den Bauchspeck, die Knoblauchzehen und die Salbeiblätter durch den Fleischwolf drehen und mit dem geriebenen Parmesankäse, den geschälten harten Eiern, Salz, Pfeffer und Safran mischen. Das Spanferkel damit füllen, zunähen und am Bratspieß bei kleiner Hitze ca. 4 Std. braten. Aus Essig, Safran, Pfeffer und gehackten Rosmarinnadeln eine Sauce anrühren und das Ferkel während des Bratens immer wieder damit bestreichen.

Bei unserem ersten Versuch, dieses Gericht zuzubereiten, hatten wir mit einigen Problemen zu kämpfen: Wir hatten uns für ein sehr kleines, ca. 6 Wochen altes Spanferkel entschieden, damit wir es auf unserem Grill zubereiten konnten. Das Fleisch von so jungen Tieren hat aber noch sehr wenig Charakter. Zudem hatte das Ferkel noch kaum Fleisch angesetzt. So dominierte die Füllung. Auch bedachten wir nicht, daß das Ferkel nur halb gefüllt werden darf, da sich die Füllung ausdehnt. Die Folge war, daß die Nähte platzten und die Füllung herausquoll. So mußten wir das Spanferkel vom Grill nehmen und in einer Art Notoperation zunähen. Trifft man Vorkehrungen gegen diese Mißgeschicke und hat einen Grill, der groß genug ist – ideal ist ein Gartengrill mit starker Seitenhitze –, dann wird das Spanferkel zum kulinarischen Höhepunkt einer sommerlichen Renaissance-Einladung.

Schweinskopf
(Frantz de Rontzier)

Man macht den Schweinskopf gar und gibt eine Weinbrühe darüber wie folgt: Weizenmehl rühret man trocken in einer Pfanne, daß es braun werde, gibt dazu einen roten Wein, Butter, ein klein wenig Salz und Zucker, rührt's um und läßt es durchkochen. Das gibt man warm über den Schweinskopf und bestreut ihn vor dem Servieren noch mit Zimt.

Vorbereitung: 15 Min.
Kochzeit: 120 Min.

Für 4 Personen

Für den Schweinskopf

800 g Schweinskopf
2 l Wasser
1 EL Salz
1 Zwiebel
1 Lorbeerblatt
2 Nelkenköpfe
1 Möhre
1 Stück Lauch
1 Stück Sellerie

Für die Sauce

2 EL Mehl
1 dl Rotwein
1 EL Butter
1 TL Zucker
1 Msp Zimt
Salz und Pfeffer

Zubereitung Den Schweinskopf mit heißem Wasser übergießen und reinigen. Das Lorbeerblatt und die Nelken in die Zwiebel stecken, das in Stücke geschnittene Gemüse und den Schweinskopf im Salzwasser aufkochen und ca. 2 Std. unter dem Siedepunkt ziehen lassen. Danach das Fleisch kleinschneiden.

Für die Sauce das Mehl in der Bratpfanne ohne Zugabe von Fett bräunen, mit Rotwein und 2 dl Fleischsuppe ablöschen und 15 Min. köcheln lassen. Mit Butter, Salz, Pfeffer und Zucker abschmecken, über das Fleisch gießen und mit Zimt bestäuben.

Mit dieser Sauce schmecken auch andere, ähnliche Fleischstücke wie Schweinsschnauze, Schweineschwänze und Schweinsohren – sie erhielten wir vom Metzger fertig gekocht – ausgezeichnet.

Schweinerippchen
(Bartolomeo Scappi)

Wenn das Schwein jung ist, kann der Rücken am Spieß mit oder ohne Schwarte gebraten werden. Zu dem Fleischsaft eine Zwiebel tun, einige Rosmarinzweige und Salz. Damit begieße das Fleisch, oder bereite eine Sauce aus Essig, gekochtem Most und Knoblauchzehen, laß sie einen Tag stehen und tu das über das Fleisch, wenn es gebraten wird. Servier es heiß. Wenn das Gericht auf venezianisch »brisavoli« bereitet werden soll, muß man Rippe um Rippe schneiden und mit dem Messerrücken weichklopfen, Salz und zerstoßenen Pfeffer dazutun. Wenn die Scheiben eine Stunde übereinander gelagert waren, brät man sie auf dem Rost bei schwachem Feuer und dreht sie oft um. Sind sie fertig, werden sie mit einer Sauce aus Melangolen oder Pomeranzen serviert.

Vorbereitung: 30 Min. und 1 Tag zum Ziehenlassen
Kochzeit: 20 Min.

Für 4 Personen
1 kg Schweinerippchen in Stücken

Für die Marinade
1 l süßer Apfelmost
5 EL Weinessig
4 Knoblauchzehen
Salz und Pfeffer
Orangensaft

Zubereitung Die Marinade aus Apfelmost, Essig und dem Saft der ausgedrückten Knoblauchzehen zubereiten. Das Fleisch in einen Topf geben und die Marinade darübergießen, so daß es ganz bedeckt ist. Einen Tag zugedeckt kühl ziehen lassen. Dann das Fleisch aus der Marinade nehmen, abtropfen lassen, salzen und pfeffern und in eine Grillpfanne oder auf den Grill legen. Bei nicht allzu großer Hitze grillen, mehrmals wenden und nach ca. 15 Min. vom Feuer nehmen und mit etwas Orangensaft beträufelt servieren.

Gehackte Leber im Darmnetz
(Philippine Welser)

Hacke die Leber gut und einen guten Teil Speck. Hack Salbei, Zwiebel und Petersilie und misch es darunter. Tu noch ein wenig Kümmel, drei Eier und ein wenig Milch dazu. Klopf das in die Leber und reib eine Semmel darein. Danach nimm das Netzlein und schlag die gehackte Leber damit ein, würz noch mit Wein, Pfeffer und Ingwer. Leg alles in eine Pfanne mit viel Schmalz, gib es auf den Rost und tu ein Glütlein darunter. Wenn es auf einer Seite schön braun ist, so kehr das Netz um und laß die Leber auf der anderen Seite backen.

Vorbereitung: 20 Min.
Kochzeit: 16 Min.

Für 4 Personen

600 g	Schweineleber	2 EL	Paniermehl
200 g	Speck	1 EL	Rosinen
1	Zwiebel	1 TL	Salz
4	Salbeiblätter	1 Msp	Pfeffer
2 EL	Petersilie	1 Msp	Ingwer
1 TL	Kümmel	1	Darmnetz für vier Portionen
2	Eier	1 EL	Schweineschmalz
1/2 dl	Milch		

Zubereitung Die Leber zusammen mit dem Speck vom Metzger fein hacken lassen. Die Zwiebel und die Kräuter ebenfalls fein hacken und mit dem Fleisch, dem Kümmel, den Eiern, der Milch, dem Paniermehl und den Rosinen mischen. Mit Salz, Pfeffer und Ingwer würzen. Das Darmnetz – eines ist für vier Personen mehr als ausreichend – in Wasser einweichen, ausdrücken, auslegen, in vier quadratische Stücke schneiden und füllen. Das Darmnetz gut verschließen und in Schweineschmalz auf beiden Seiten je 8 Min. braten.

Geschnetzeltes Schweinefleisch mit Speck
(Platina)

Nimm Fleisch oder Vögel wohl ausgenommen und gewaschen, zerschnitten in Viertel oder ganz klein. Tu Speck in den Topf, brate ihn an, gib das Fleisch dazu, aber so, daß nichts anbrennt, und rühre oft um. Und wenn es gar gekocht ist, tu den meisten Teil des Fetts weg, gieß in den Topf den Saft von unreifen Trauben, den du mit zwei Eidottern gemischt hast, und verschlage es mit der Brühe und Gewürz. Laß es sieden, bis es gar wird. Etliche nehmen auch Safran, daß es eine gute Farbe und besseren Geschmack habe. Aber es ist auch gut, wenn man kleingeschnittene Petersilie daruntertut.
Das nähret wohl, verdauet sich aber nicht bald, hilft dem Herzen, Leber und Nieren.

Vorbereitung: 5 Min.
Kochzeit: 20 Min.

Für 4 Personen

200 g	Speckwürfel
600 g	geschnetzeltes Schweinefleisch
	Salz und Pfeffer
2	Eier
1 dl	Saft von unreifen Trauben
	oder
1 dl	trockner Weißwein
2 dl	Rinderbrühe
1 Msp	Safran
1 EL	gehackte Petersilie

Zubereitung Die Speckwürfel in der Bratpfanne anbraten. Das geschnetzelte Schweinefleisch dazugeben und ebenfalls anbraten. Mit Salz und Pfeffer würzen. Das Fett abgießen. Die Eier kochen, schälen und das Eigelb zerdrücken. Den Saft von unreifen Trauben oder trockenen Weißwein, Rinderbrühe und Safran dazumischen und über das Fleisch gießen. 10 Min. köcheln lassen und mit Salz und Pfeffer abschmecken. Mit gehackter Petersilie bestreuen.

Cervelatwürstchen

(Sabina Welser)

Zuerst nehmt vier Pfund Schweinefleisch vom Zäpflein und zwei Pfund Speck. Das laßt kleinhacken und tut sechs Lot Salz daran, ein Pfund geriebenen Käse, drei Lot Pfeffer und drei Lot Ingwer. Wenn es gehackt ist, dann knetet das hinein: drei Lot Zimt, ein halbes Lot Nelken, ein halbes Lot Muskatnuß, zwei Lot Zucker. Die Därme muß man saubermachen und dann gelb färben, dazu braucht man nicht ganz ein halbes Lot Safran. Man muß sie auf beiden Seiten zubinden, auch ungefähr ein Quart frisches Wasser daran gießen. Salz, Ingwer und Pfeffer muß man mischen und probieren, bevor man es dazutut. Die Würste soll man etwa so lang wie Eier kochen. Das Gewürz und das Salz muß man nach eigenem Gutdünken hineintun, man muß es zuerst probieren.

Vorbereitung: 45 Min.
Kochzeit: 25 Min.

Für ca. 12 Würstchen

500 g	Schweinefleisch von der Nuß
250 g	Speck
20 g	Salz
120 g	Parmesan
10 g	Pfeffer
10 g	Ingwer
10 g	Zimt
1 Msp	Nelkenpulver
1 Msp	Muskatnuß
1 EL	Zucker
1 dl	Wasser
2	Briefchen Safran

Zubereitung Das Fleisch fein hacken, mit dem geriebenen Käse, den Gewürzen und dem Wasser mischen und gut durchkneten. Mit einer Wurstmaschine die mit Safran eingefärbten Därme füllen und abbinden. In kaltem Wasser aufsetzen und ca. 25 Min. unter dem Siedepunkt ziehen lassen.

Die Wurst hat ein ausgezeichnetes Aroma. Unser Metzger drehte das Fleisch für uns durch seinen Fleischwolf, so erhielten wir eine gute Qualität, und es ersparte uns einige Arbeit.

Bratwürste

(Sabina Welser)

Nehmt 4 Pfund Schweinefleisch und 4 Pfund Rindfleisch, laßt es klein hacken. Nehmt darnach 2 Pfund Speck dazu und hackt alles miteinander. Gießt ungefähr 3 Seidel Wasser dran. Tut auch Salz und Pfeffer dran, so wie ihr es gern eßt. Oder wenn ihr gerne Kräuter darin habt, könnt ihr ein wenig Salbei und Majoran nehmen. So habt ihr gute Bratwürste.

Vorbereitung: 30 Min. und 2 Tage ruhen
Kochzeit: 5 Min. kochen und 10 Min. braten

Für 8 Personen

400 g	Schweinefleisch	1/2 TL	Pfeffer
400 g	Rindfleisch	1/2 EL	Salbei
200 g	Speck	1 EL	Majoran
1 dl	Wasser	2 m	Wurstdarm
1 EL	Salz		

Zubereitung Das Fleisch durch den Fleischwolf drehen. Das Wasser, Gewürze und gehackte Kräuter zugeben und gut vermischen. Die vorbereiteten Wurstdärme mit der Wurstmaschine füllen und abbinden. Die Würste für zwei Tage in den Kühlschrank legen. Danach im heißen Wasser einige Minuten unterhalb des Siedepunkts garen. Die Bratwürste gut abtrocknen und in der Bratpfanne kräftig anbraten.

Für das Herstellen von Würsten ist man auf die Hilfe eines Metzgers angewiesen. Er kann die Därme besorgen und hat auch eine Wurstmaschine. Unser Metzger empfahl uns Pökelsalz zu verwenden, damit die Farbe der Würste nicht grau wirkt.

Rindfleisch

Rinderrücken auf venezianische Art

Gespickter Rinderschmorbraten

Ochsenzungenpastete

Rinderzunge an Möhrensauce

Rindfleisch à la mode

Rinderrücken auf venezianische Art
(Bartolomeo Scappi)

Man nehme den Ochsen- oder Rinderrücken, genügend fett und gut gelagert, teile Rippe per Rippe mit dem Messer den flachen Teil, schlage das Fleisch mit dem Messerrücken von einer Seite auf die andere. Dies tut man, damit das Fleisch mürbe und weich wird. Dann mit rosa Essig beträufeln und fest mit Pfeffer, Zimt, zerstoßenem Salz, Fenchelkörnern oder Koriandersamen einreiben. Hernach Scheibe um Scheibe eng zusammenpressen und 6 Stunden stehenlassen. Das ganze Stück dann auf einem Rost langsam kochen. Eine Scheibe Speck auf jedes Fleischstück geben, damit es weich bleibt. Während es kocht, oft das Fleisch umdrehen.
Eine Sauce aus Essig, Zucker Zimt, Gewürznelken und Muskatnuß bereiten und darübergießen. Das gleiche kann man auch mit Hammelrücken, trockenem Rindfleisch oder Kalbfleisch machen.

Vorbereitung: 30 Min. und 6 Stunden zum Ziehenlassen
Kochzeit: 40 Min.

FÜR 4 PERSONEN
Für den Rinderrücken
1 kg Hochrippe
8 große Scheiben durchwachsener Speck
5 EL Weinessig
1 TL schwarzer Pfeffer
1 EL Zimt
1 EL Salz
2 EL Koriandersamen
5 EL Wasser

Für die Sauce
6 EL Weinessig
2 EL Zucker
2 EL Zimt
2 Gewürznelken
1/2 TL Muskat

Zubereitung Die Hochrippe vom Metzger in 8 fingerdicke Stücke teilen lassen. Die einzelnen Stücke mit einer Marinade aus Weinessig, Pfeffer, Zimt, Salz und Koriander bestreichen, in ein passendes Gefäß legen und für 6 Std. im Kühlschrank ziehen lassen. Dann die Fleischstücke mit dem Speck umhüllen, mit Faden oder Zahnstochern befestigen und in einer Pfanne oder noch besser auf dem Grill anbraten. Die Hitze darf nicht zu groß sein. Mehrmals wenden, nach einer guten halben Stunde sind die Stücke fertig. Unterdessen eine süß-saure Sauce aus Weinessig, Zucker, Zimt, Muskat und Nelken zubereiten und köcheln lassen. Die Gewürznelken herausnehmen und die Sauce in einem Kännchen zum Fleisch reichen.

Gespickter Rinderschmorbraten
(Frantz de Rontzier)

Man spickt einen Rinderschmorbraten mit Speck und brät ihn an einem Spieß. Danach begießt man geröstetes Weißbrot mit Rindfleischbrühe, bestreuet's mit Parmesankäse und läßt's durchkochen. Danach schneidet man den Rinderbraten auseinander und legt ihn über die Suppen, begießt ihn mit Bratfett und gibt die Scheiben warm zu Tisch.

Vorbereitung: 10 Min. und 10 Min. zum Ruhenlassen
Kochzeit: 90 Min.

Für 4 Personen

1 kg gespickter Rinderschmorbraten
Salz und Pfeffer

50 g Weißbrot
1 EL Butter
2 dl Rindfleischbrühe
20 g Parmesankäse

Zubereitung Den Rinderschmorbraten vom Metzger mit Speck spicken lassen. Mit Salz und Pfeffer würzen, auf den Bratspieß stecken und auf dem Drehgrill ca. 90 Min. braten. Zwischendurch immer wieder mit dem Bratensaft begießen. Danach vom Grill nehmen, in Alufolie einschlagen und vor dem Aufschneiden 10 Min. ruhen lassen. Das Weißbrot in kleine Würfel schneiden, in Butter goldbraun anbraten, zur heißen Rindfleischbrühe geben, mit geriebenem Parmesankäse bestreuen und auf kleinem Feuer nochmals erwärmen. Das aufgeschnittene Fleisch auf die Sauce legen und mit dem Bratensaft begießen.

Pieter Aertsen, *Fleischerbude*

Ochsenzungenpastete
(Philippine Welser)

Nimm die Zunge, siede sie fein und schneid sie dünn und steck auf jedes Stück zwei Nelken. Nimm Ingwer, Nelkenpulver, Muskat und Salz, misch alles durcheinander. Tu's in einen hohen Pastetentopf, leg ein Stück aufs andere, laß das Gewürz dazwischen und nimm Ochsennierenfett, hack es klein und tu's hinein. Laß es eine Stunde backen. Danach nimm eine halbe Semmel, laß sie braun werden, tunke sie in Rotwein, Zucker, Ingwer und Muskat und schneide sie klein. Versuch's, wenn's gut ist, schütte es in die Pastete und laß sie fertig backen.

Vorbereitung: 30 Min.
Kochzeit: 60 Min.

FÜR 4 PERSONEN

800 g	gekochte Rinderzunge
20 g	beim Metzger vorbestelltes Rindsnierenfett
1 TL	Salz
1 Msp	Nelkenpulver
1/2 TL	Ingwer
1 Msp	Muskatnuß

Für den Teig

300 g	Mehl
120 g	Butter
1 dl	Salzwasser

Für die Sauce

4	Toastbrotscheiben
1 dl	Rotwein
1 TL	Zucker
1 Msp	Ingwer
1 Msp	Muskatnuß
	Salz und Pfeffer

Zum Bestreichen

1	Ei
1 Msp	Safran

Zubereitung Die gekochte Rinderzunge in dünne Scheiben schneiden. Salz, Nelkenpulver, Ingwer und Muskatnuß mischen und die Zunge damit würzen. Das Mehl und die Butter miteinander verreiben und mit dem warmen Salzwasser zu einem Teig kneten. Zwei Drittel des Teigs ausrollen und in eine gebutterte Springform legen. Die Zunge darauf auslegen und mit dem gehackten Rindsnierenfett bedecken. Mit dem restlichen Teig einen Deckel formen, die Pastete damit zudecken und die Teigränder mit Eiweiß zusammenkleben. Mit den Teigresten in der Mitte der Pastete eine Rosette formen und auf dem Deckel Verzierungen anbringen. Ein Eigelb mit Safran verrühren und die Pastete damit bestreichen. Den Backofen auf 180 °C vorheizen und die Pastete 30 Min. backen.

Das Toastbrot kräftig toasten und zusammen mit dem Rotwein, Zucker, Ingwer und Muskatnuß aufkochen. Mit dem Mixer pürieren und mit Salz und Pfeffer abschmecken. Die Rosette ausschneiden, die Flüssigkeit in die Pastete gießen, die Rosette wieder aufsetzen und nochmals 30 Min. lang backen.

Rinderzunge an Möhrensauce
(Frantz de Rontzier)

Von Ochsenzungen: Man siedet Karotten in Wasser und Wein, streicht sie danach durch ein Haartuch und schneidet die Zungen in der Länge zu vier Stück. Danach tut man die Karotten samt geriebenen oder kleingemachten Mandeln und Butter darauf, man macht sie süß und säuerlich an.

Vorbereitung: 20 Min.
Kochzeit: 180 Min.

FÜR 4 PERSONEN

Für die Zunge

- 1 frische Rinderzunge
- 1 Zwiebel
- 1 Lorbeerblatt
- 2 Nelkenköpfe
- 1 Möhre
- 1 Sellerie
- 1 Lauch
- 1 l Salzwasser

Für die Sauce

- 500 g Karotten
- 1 Zwiebel
- 1/2 EL Butter
- 1/2 l Gemüsebrühe
- 30 g Mandeln
- 1/2 EL Butter
- 1 EL Kräuteressig
- Salz und Pfeffer

Zubereitung Die Zwiebel mit Lorbeerblatt und Nelkenköpfen bestecken, das Gemüse kleinschneiden und im Salzwasser aufkochen. Die gereinigte, frische Rinderzunge zugeben und ca. 3 Std. kochen. Danach die Haut abziehen und die Zunge in Stücke schneiden.

Für die Sauce die Möhren schälen und kleinschneiden. Die gehackte Zwiebel in Butter andünsten, die Möhren zugeben und in der Gemüsebrühe ca. 25 Min. kochen. Das Gemüse abtropfen lassen, passieren, mit den gemahlenen Mandeln, der Butter und dem Essig mischen und mit Salz und Pfeffer abschmecken. Die Sauce nochmals erwärmen, über die Zunge gießen und servieren.

Rindfleisch à la mode
(Pierre de Lune)

Es wird tüchtig geklopft, sehr reichlich gespickt, angebraten und dann in einem Topf mit einem Glas Weißwein, zwei Glas Wasser, einem Bündel Kräuter, Salz, Pfeffer, Lorbeerblatt, grüner Zitrone und einem halben Dutzend Pilzen gekocht. Der Topf muß gut verschlossen sein und das Fleisch auf schwachem Feuer gekocht werden. Ist es gar, wird Mehl im Speck gebräunt und noch Zitronensaft angegossen.

Vorbereitung: 15 Min.
Kochzeit: 90 Min.

FÜR 4 PERSONEN

- 8 Rindfleischscheiben
- 1 EL Schweineschmalz
- 1 dl trockener Weißwein
- 2 dl Wasser
- Salz und Pfeffer
- 1 Rosmarinzweig
- 4 Salbeiblätter
- 1 Liebstöckelzweig
- 1 Lorbeerblatt
- 1 Limone
- 2 EL getrocknete Steinpilze
- 20 g Speckwürfel
- 1 EL Mehl
- 1/2 EL Zitronensaft

Zubereitung Die Rindfleischscheiben kräftig klopfen, in Schweineschmalz anbraten und mit Weißwein und Wasser ablöschen. Mit Salz und Pfeffer würzen. Die Kräuter und das Lorbeerblatt zusammenbinden, die Limone in Schnitze schneiden und die eingeweichten Steinpilze kleinhacken. Alles zum Fleisch geben und zugedeckt bei schwacher Hitze ca. 90 Min. schmoren lassen. Das Kräuterbündel entfernen. Die Speckwürfel auslassen und das Mehl darin leicht anbräunen. Die Sauce damit binden, mit Salz und Pfeffer abschmecken und mit Zitronensaft verfeinern.

Lammfleisch

Geschmorte Hammelkeulen

Hammelkeule

Lammkeule koscher

Geschmorte Hammelkeulen
(Bartolomeo Scappi)

Im Sud geschmorte Keulen aus magerem Hammelfleisch mit Mandelmilch mache man so: Man nehme die Keulen und lasse sie am Spieß halb durchbraten (nur halb, damit der Saft nicht ausfließt), nehme sie dann noch heiß vom Spieß und entferne das Fleisch vom Knochen, wobei man darauf achte, daß die Haut daran bleibt. Den Saft, der beim Schneiden herausfließt, aufbewahren und das magere Fleisch im Mörser zerdrücken. Auf jedes sechste Pfund des Fleisches ein Pfund Mandeln mit dem Fleisch zerdrücken. Mit dem Fleischsud verdünnen, so daß es nicht zu salzig wird. Das Ganze fein hacken, klaren Most und den Fleischsaft zugeben und ein Pfund Zucker, eine Unze Zimt und eine halbe Unze Pfeffer zumischen. Alles in eine Zinnschale auf ein schwaches Feuer tun, kochen lassen und immer umrühren. Das gekochte, feste Fleisch auf einen Teller legen und mit Zucker und Zimt bestreuen. Gleiches kann man auch aus der Brust von Kapaunen oder Taubenrücken am Spieß gebraten machen. Mit dem Fleisch kann man auch sechs Unzen Cascio-Käse und zwei weichgekochte Knoblauchzehen zerstampfen.

Vorbereitung: 3 Std.
Kochzeit: 30 Min.

Für 4 Personen

600 g	Lammfleisch von der Keule
100 g	Mandelsplitter oder geriebene Mandeln
1 dl	saurer Most
1 dl	Zuckerwasser
1 TL	Zimt
1/2 EL	Pfeffer
	Zucker und Zimt

Zubereitung Das Lammfleisch rollen, von allen Seiten kurz anbraten und ca. 10 Min. bei 200 °C in den vorgeheizten Ofen geben. Dann kleinschneiden, den herausfließenden Saft aufbewahren und das Fleisch durch den Wolf drehen. Most, Fleischsaft, Mandeln – wir bevorzugten feine Mandelsplitter statt geriebener Mandeln –, Zuckerwasser, Zimt und Pfeffer mit dem Fleisch vermischen. Alles in einer Auflaufform bei 180 °C im vorgeheizten Backofen ca. 30 Min. backen. Danach die geschmorte Hammelkeule aus der Form nehmen, aufschneiden und auf einem Teller servieren. Mit Zucker und Zimt bestreuen. Unser Metzger klagte natürlich über die »Mißhandlung« des schönen Lammfleischs. Scappi ist bei diesem Gericht noch ganz Kind des Mittelalters, wo alles vorgekocht und vorgebraten, dann gehackt, vermischt usf. wird. Wir hatten aber eher wegen der von Scappi angegebenen Menge Zucker Bedenken und reduzierten sie erheblich. Aber ob nun das Zucker-und-Zimt-Bestreuen Scappis übernommen oder ganz »vergessen« wird: Das Ergebnis bleibt ein Hackbraten, wie nur er ihn »erfinden« konnte.

Hammelkeule
(Frantz de Rontzier)

Man macht die Keulen an mit Lemonen und Rosmarin, drei oder vier Eidottern, ein wenig Wein, zerstoßenen Muskatblüten, Ingwer und Pfeffer.

Vorbereitung: 20 Min. und 1 Tag zum Einlegen der Lammkeule
Kochzeit: 130 Min.

Für 4 Personen

1 kg	Lammkeule
2 EL	Essig
1 EL	Olivenöl
1	Zwiebel
1	Lorbeerblatt
2	Nelkenköpfe
1	Knoblauchzehe
1	Karotte
1	Petersilienwurzel
2 dl	Rotwein
3	Eier
1 EL	Rosmarinnadeln
1	Limone
1/2 dl	Weißwein
1/2 TL	Muskatblüten
1 Msp	Ingwer
	Salz und Pfeffer

Zubereitung Die Hammelkeule in ein mit Essig angefeuchtetes Tuch wickeln und einen Tag in den Kühlschrank legen. Danach mit Salz und Pfeffer einreiben und in einer Bratpfanne in Olivenöl auf allen Seiten anbraten. Zusammen mit der besteckten Zwiebel, der durchgepreßten Knoblauchzehe, dem kleingeschnittenen Gemüse und dem Rotwein in den gewässerten Römertopf geben. Zugedeckt im Backofen bei 220 °C ca. 2 Std. schmoren. Zwischendurch wenden und mit Bratensaft begießen. Die Hammelkeule aus dem Römertopf nehmen, in Alufolie einpacken und 10 Min. ruhen lassen. Die Eier hartkochen, schälen und den Eidotter mit den Rosmarinnadeln hacken. Mit dem Limonensaft, dem Weißwein, den zerstoßenen Muskatblüten und dem Ingwer aufkochen. Den abgesiebten Bratensaft dazugießen, mit Salz und Pfeffer abschmecken und über das Fleisch geben.

Lammkeule koscher
(Pierre de Lune)

Eine tüchtig geklopfte Lammkeule wird mit Knoblauch und Sardellen belegt. Auf ein Papier hat man zerschnittenen Speck und Kräuter gelegt. Damit wickelt man die Lammkeule ein. Ist die Lammkeule gar, nimmt man das Fett von der Sauce ab, begießt die Keule mit ihrem Saft und dem Saft von Orangen. Dazu gibt man noch weißen Pfeffer.

Vorbereitung: 20 Min.
Kochzeit: 130 Min.

FÜR 4 PERSONEN

1 Lammkeule ohne Bein
1 EL Kräuter der Provence
Salz und weißen Pfeffer
6 Knoblauchzehen
8 Sardellen
8 Speckscheiben
1 dl Orangensaft

Zubereitung Die Lammkeule kräftig klopfen, mit Kräutern der Provence, Salz und weißem Pfeffer würzen, mit Knoblauchzehen spicken und in den gewässerten Römertopf legen. Sardellen und Speckscheiben darauf verteilen und im Backofen bei 220 °C ca. 120 Min. schmoren. Immer wieder mit dem eigenen Saft begießen. Das Fleisch herausnehmen und 10 Min. zugedeckt ruhen lassen. Die Sauce entfetten und mit weißem Pfeffer und Orangensaft verfeinern.

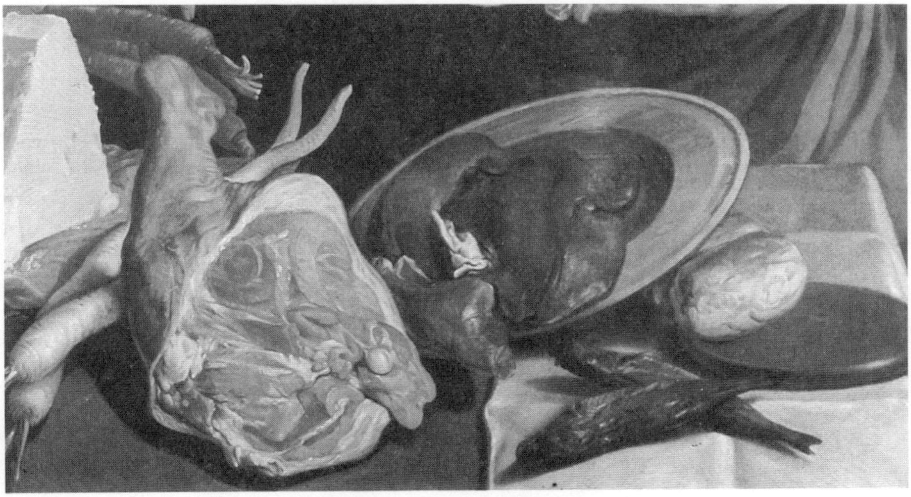

Pieter Aertsen, *Kücheninterieur*

Geflügel

Pute mit Himbeeren

Gefüllte Wachteln

Wachtelpastete

Katalonische Rebhühner

Ein Essen in verschiedenen Farben

Hühnerbrust mit Orangen

Gefüllte Hühnerkeulen

Gebackene Hühnerkügelchen

Gekochtes Huhn

Huhn an weißer Sauce

Fette Poularde

Huhn in Weißwein

Katalonisches Geflügel

Lombardischer Reistopf

Hühnerleber

Pute mit Himbeeren
(La Varenne)

Wenn das indianische Huhn hergerichtet ist, hebt man das Brustbein ab, löst das Fleisch davon und hackt es mit Fett. Das wird für die Füllung verwendet, zu der man noch Kalbfleisch, Eigelb und Taubenfleisch nimmt. Die Masse wird gut durchgerührt, gewürzt und das Huhn damit gefüllt. Beim Füllen mischt man noch Salz, Pfeffer, gestoßene Nelken und Kapern dazu. Dann kommt das Huhn an den Bratspieß, der langsam gedreht wird. Ist der Vogel fast weich, legt man ihn in einen großen Topf mit guter Brühe, würzigen Kräutern und Pilzen. Um die Sauce dicker zu machen, läßt man Speck in der Pfanne ausbraten, nimmt ihn wieder heraus und bräunt Mehl in seinem Fett. Man verdünnt es mit etwas Brühe und Essig. Diese Sauce kommt mit etwas Zitronensaft zum Huhn, dann kann das Gericht aufgetragen werden. Zur Himbeerzeit wird eine Handvoll von diesen Früchten hinzugetan.

Vorbereitung: 20 Min.
Kochzeit: Für die Pute 130 Min., für die Hühner 40 Min.

FÜR 8 PERSONEN
1 Pute oder 2 Hühner
200 g Puten- oder Hühnerbrust

Für die Füllung
100 g Speck
100 g Kalbfleisch
4 Eier
1 TL Salz
2 Msp Pfeffer
2 Msp Nelkenpulver
1 EL Kapern

Für die Sauce
2 l Hühnerbrühe
1 Rosmarinzweig
1 Thymianzweig
4 Salbeiblätter
4 EL getrocknete Steinpilze
200 g Speckwürfel
4 EL getrocknete Steinpilze
200 g Speckwürfel
4 EL Mehl
1 EL Kräuteressig
1 TL Zitronensaft
Salz und Pfeffer

Zum Garnieren
200 g Himbeeren

Zubereitung Hühnerbrust, Speck und Kalbfleisch hacken. Die Eier hart kochen, das Eigelb zerdrücken und hinzugeben. Salz, Pfeffer, Nelkenpulver und Kapern untermischen. Damit die gesäuberte Pute füllen. Die Pute entweder am Drehspieß auf dem Gartengrill oder im vorgeheizten Ofen bei 220 °C 1 Std. im eigenen Saft unter Beigabe von etwas Wasser auf beiden Seiten braten. Die Hitze allmählich auf 200 °C reduzieren. Dann die Pute aus der Kasserolle nehmen, die kräftige Hühnerbrühe aufkochen, Rosmarin, Thymian, Salbei und Pilze zugeben und 10 Min. kochen. Speck auslassen und im Fett das Mehl anbräunen. Mit der abgesiebten Hühnerbrühe ablöschen, Essig und Zitronensaft zugeben und mit Salz und Pfeffer abschmecken. Die Pute zurück in die Kasserolle legen und noch einmal erhitzen. Kurz vor dem Servieren die Himbeeren zugeben.

Das indische oder indianische Huhn, wie die Pute zunächst hieß, war einer der Lieblingsbraten der Renaissance. Das Neue reizte La Varenne, und das Ergebnis kann sich sehen lassen.

Dennoch haben wir das Originalrezept ein wenig variiert: Für die Füllung nahmen wir Hühnerbrust, weil wir die schöne Pute ganz lassen wollten. Statt an einem Gartengrill brieten wie die Pute im Ofen und versuchten es auch einmal mit Hühnern, die wir an unseren Ofenspieß steckten und auf diese Weise brieten. Die Resultate hatten uns stets sehr überzeugt.

Gefüllte Wachteln
(Frantz de Rontzier)

Wachteln bringt man mit Rinder- oder Kapaunenfleischbrühe zum Feuer. Man hackt Speck und Weißbrot durcheinander, rührt's mit Eiern in einer Pfannen und füllt die Wachteln damit. Macht sie an mit frischer Butter, danach gibt man sie über das Weißbrot und trägt's zum Tische.

Vorbereitung: 20 Min.
Kochzeit: 30 Min.

Für 4 Personen

8	Wachteln		Salz und Pfeffer
80 g	Speckwürfel oder -scheiben	1 l	Hühnerbrühe
40 g	Weißbrot ohne Rinde	8	Toastbrotscheiben
1	Ei	2 EL	Butter

Zubereitung Den Speck und das Weißbrot hacken, mit dem Ei mischen und mit Salz und Pfeffer würzen. Die Wachteln gegebenenfalls ausnehmen, putzen und mit der Masse füllen. Die Hühnerbrühe aufkochen, die Wachteln dazugeben und knapp unter dem Siedepunkt ca. 30 Min. gar ziehen lassen. Die Toastbrotscheiben toasten, auf die Teller geben, mit den Wachteln belegen und mit heißer Butter übergießen.
Bevor man die Wachteln in die Hühnerbrühe gibt, kann man sie auch kräftig anbraten. Die Kochzeit verringert sich in diesem Fall um ca. 5 Min. Uns schmeckte diese Version sogar besser als die erste.

Wachtelpastete
(Pierre de Lune)

Die Wachteln werden ausgenommen und ein Teig aus Wasser, Mehl, Butter, einigen Eigelb und Salz gemacht. Der Teig muß vier Zoll hoch sein, und eine Schicht aus Kalbfleisch, etwas Speck, Rindermark oder Fett bildet den Boden. Auf diesen Boden legt man die Wachteln, die man zuvor mit Salz, Pfeffer und Muskat gewürzt hat. Man garniert sie mit Champignons, Kalbshirn, Trüffel, zerschnittenem Speck. Tut ein Stück Butter daran und bedeckt sie mit dem Teig. Er wird mit Butter bestrichen und ein und eine halbe Stunde gebacken. Die Pastete wird mit Zitronensaft und geschnittenen Pistazien serviert.

Vorbereitung: 45 Min.
Kochzeit: 90 Min.

FÜR 4 PERSONEN

4	Wachteln
	Salz und weißer Pfeffer
1 Msp	Muskatnuß
4	mittlere Champignons
4	Trüffelscheiben
40 g	gekochtes Kalbshirn
8	Speckscheiben

Für die Farce

50 g	Kalbsbrät
20 g	Speck
1	Rindermark

Für den Teig

300 g	Weißmehl
120 g	Butter
1 dl	Salzwasser
3	Eier
1 EL	Butter
1	Eiweiß
2 EL	Pistazien
1/2 EL	Zitronensaft

Zubereitung Den Pastetenteig zubereiten und eine gebutterte Pastetenform mit zwei Dritteln des Teiges auslegen. Aus Kalbsbrät, fein gehacktem Speck und Rindermark eine Farce herstellen und auf dem Teigboden verteilen. Die Wachteln säubern, trocknen, mit Salz, Pfeffer und Muskatnuß würzen und auf die Farce legen. Die gereinigten Champignons, die Trüffel und das gekochte Kalbshirn in dünne Scheiben schneiden und auf den Wachteln verteilen. Zum Schluß die Speckscheiben und Butterflocken darauf legen. Mit dem restlichen Teig einen Deckel formen und mit Eiweiß auf der Pastete befestigen. Mit flüssiger Butter bestreichen und im auf 160 °C vorgeheizten Backofen ca. 90 Min. backen. Die Pastete mit geschälten und gehackten Pistazien bestreuen und mit Zitronensaft beträufeln.

Jacopo Chimenti, gen. da Empoli, *Speisekammer*

Katalonische Rebhühner
(Platina)

Den gebratenen Rebhühnern werden die Gelenke der Flügel und Keulen durchgeschnitten; das Fleisch etwas lockern und dahinein Salz, Gewürze, Nelken und den Saft einer Zitrone oder Orange, gut vermengt, schütten. Mit der Hühnerbrust tut man das gleiche. Hernach wird das Huhn mit dem Saft in einen Napf auf Kohlen oder heiße Asche gestellt und heiß gegessen.
Die Franzosen essen dieses Fleisch sehr gern, obgleich sie die Katalonier nicht mögen.

Vorbereitung: 10 Min.
Kochzeit: 65 Min.

Für 4 Personen

4 Rebhühner
Salz und Pfeffer
2 EL Bratbutter
8 Speckscheiben

Für die Marinade
1/2 TL Salz
1 TL Thymian
1 Msp Nelkenpulver
2 EL Zitronensaft

Zubereitung Die gereinigten Rebhühner mit Salz und Pfeffer innen und außen bestreichen und in Bratbutter rundum anbraten. In einen gewässerten Römertopf geben, mit Speckscheiben belegen und im Backofen bei 200 °C ca. 50 Min. braten. Aus Salz, gehacktem Thymian, Nelkenpulver, Zitronensaft und etwas Bratensaft eine Marinade zubereiten. Die Flügel- und Keulengelenke aufschneiden, das Fleisch von den Knochen lockern und die Marinade zwischen Fleisch und Knochen gießen. Auch die Innenseiten der Rebhühner mit der Marinade bestreichen. Im Backofen nochmals 15 Min. fertig garen.

Frans Snyders, *Stilleben mit Geflügel und Wildbret*, 1614

Ein Essen in verschiedenen Farben
(Sabina Welser)

Ein Essen, von dem ein jedes Teil eine andere Farbe hat. Brate Hühner an einem Spieß, aber nicht zu nahe beieinander. Und wenn sie gebraten sind, mache sechs Farben.
Die weiße so: Nimm das Weiß von Eiern, tu ein wenig Mehl hinein, mache einen dünnen Teig.
Braun mach so: Nimm Weichselsaft und mache zusammen mit Eiern und Mehl einen braunen Teig.
Für Gelb nimm Eidotter, ein wenig schönes Mehl, Safran und drei oder vier Eier, daraus mache einen Teig.
Für Grün nimm Petersilie, drück sie durch ein Tuch mit Eiern, tu ein wenig Mehl dazu, mach einen Teig.
Schwarz mach so: Nimm Eier und Mehl, mache einen Teig daraus, tu gestoßene Nelken hinein, die über Nacht in aufgeschlagenen Eiern geweicht haben, tu genügend hinein, dann wird es gut schwarz.
So du die fünf Farben gemacht hast, begieß ein jegliches Huhn mit seiner Farbe und hab acht, daß es nicht mehr zu heiß ist. Und wenn die Farbe getrocknet ist, zieh die Hühner ab und lege sie neben anderes Gebratenes in eine Schüssel.

Vorbereitung: 30 Min. (12 Std. für die schwarze Farbe)

Für 6 Personen
6 gebratene Hühner

Die Farben

Weiß
2 Eiweiß
2 EL Weißmehl
1 Msp Salz

Braun
1 Ei
2 EL Vollkornmehl
2 EL schwarzer Kirschsaft

Gelb
2 Eigelb
1 Msp Safran
2 EL Weißmehl
1 Msp Salz

Grün
1 Bd Petersilie
1 Ei
2 EL Vollkornmehl
1 Msp Salz

Schwarz
1 TL Nelkenpulver
2 Eier
2 EL Vollkornmehl
1 Msp Salz

Zubereitung Das Nelkenpulver mit einem aufgeschlagenen Ei mischen und 12 Std. einweichen. Mit dem zweiten Ei, dem Mehl und dem Salz zur schwarzen Farbe verrühren. Für die weiße Farbe das Eiweiß schaumig schlagen und mit dem Weißmehl und dem Salz zu einem dünnen Teig verrühren. Das Ei, das Mehl und den Kirschsaft zu einem braunen Teig mischen. Eigelb, Safran, Mehl und Salz ergeben die gelbe Farbe. Petersilie fein hacken, durch ein Tuch oder ein ganz feines Sieb drücken und mit Ei, Mehl und Salz zum grünen Teig rühren. Da die Farben dickflüssig sein sollten, müssen sie je nach Notwendigkeit mit etwas Mehl verdickt werden. Die noch warmen Hühnchen mit jeweils einer Farbe bestreichen, eines unbemalt lassen oder eine Farbe zweimal verwenden. Bepinseln geht am besten, wenn die Poulets auf einem Bratspieß stecken. Vor dem Servieren die Farbe trocknen lassen.
Für dieses Gericht eignen sich schon gebratene Poulets sehr gut. Nach unserer Erfahrung gelingt es nicht auf Anhieb, Farben mit kräftigem Geschmack und zugleich richtiger Konsistenz herzustellen. Hat man den Dreh aber raus, so kann man den Gästen mit Stolz die bunten Vögel zeigen. Sie sind ein Augenschmaus, das Aroma des Huhns bleibt voll erhalten. Für die Vegetarier unter unseren Gästen kochten wir Sellerieschieben in Gemüsebrühe und färbten diese mit den Saucen.

Hühnerbrust mit Orangen
(Frantz de Rontzier)

Man klopfet die Hühnerbrüst mit einem Messerrücken, spickt sie mit Negelein, legt sie in eine Silberschüssel, gibt die Butter samt Pomeranzen in Scheiben zerschnitten darüber, läßt's dann sanft gar werden, bestreuet sie mit Salz und gibt sie zum Tisch.

Vorbereitung: 10 Min.
Kochzeit: 10 Min.

Für 4 Personen

800 g Hühnerbrüste
10 Nelkenköpfe
Salz und Pfeffer
1 EL Bratbutter
2 Orangen

Zubereitung Die Hühnerbrüste klopfen, mit den Nelkenköpfen bestecken und mit Salz und Pfeffer würzen. Die Orangen schälen und in Scheiben schneiden. Die Hühnerbrüste auf beiden Seiten schnell anbraten, mit den Orangenscheiben belegen, mit Salz bestreuen und in der Bratpfanne ca. 5 Min. ziehen lassen.

Gefüllte Hühnerkeulen
(Pierre de Lune)

Man läßt Hühnerkeulen halbgar kochen und öffnet sie mit einem spitzen Messer. Dann macht man eine Fülle von weißem Hühnerfleisch oder Kapaunen, Rindermark und geschnittenem Speck, Salz, Pfeffer, Muskatnuß und Gelbei. Damit füllt man die Keulen, und dann kocht man sie in fetter Bouillon mit Pilzen. Sie schneidet man zuvor zu Scheiben. Zum Schluß wird ein Gelbei dazugerührt. Man richtet die Hühnerkeulen mit Zitronensaft und Hammelsauce an.

Vorbereitung: 10 Min.
Kochzeit: 35 Min.

FÜR 4 PERSONEN

- 8 Hühnerkeulen
- 1 EL Sonnenblumenöl
- 1 l Hühnerbrühe
- 2 Rindermark
- 20 g Pilze
- 1 EL Zitronensaft
- 1 Eigelb
- Küchenfaden

Für die Farce

- 50 g Hühnerbrust
- 20 g Speck
- Salz und Pfeffer
- 1 Msp Muskatnuß
- 1 Eigelb

Zubereitung Die Hühnerkeulen in Sonnenblumenöl kräftig anbraten. Die Hühnerbrühe aufkochen, Hühnerkeulen und Rindermark zugeben, 10 Min. kochen und herausnehmen. Hühnerbrust, Rindermark und Speck durch die feinste Scheibe des Fleischwolfs drehen und mit Salz, Pfeffer, Muskatnuß und Eigelb mischen. Die Hühnerkeulen aufschneiden, mit der Farce füllen und gut zubinden. Die Pilze in Scheiben schneiden, mit den Hühnerkeulen in die heiße Brühe geben und 20 Min. ziehen lassen. Die Keulen aus der Brühe heben, mit Zitronensaft beträufeln und servieren. Die Hühnerbrühe mit einem Eigelb binden und separat servieren.

Gebackene Hühnerkügelchen

(Sabina Welser)

Nimm das Hühnerfleisch und laß es vorher sieden, danach hack es klein und tu eine geriebene Semmel und Eier daran, bis du meinst, daß es ein genügend dicker Teig sei. Dann mach feine runde Kügelchen und laß sie gar langsam backen und salz sie.

Vorbereitung: 15 Min.
Kochzeit: 20 Min.

FÜR 4 PERSONEN

400 g gekochtes Hühnerfleisch (z. B. Reste von Poularde oder Suppenhuhn)
4 EL Paniermehl
6 Eier
1 l Fritieröl
Salz

Zubereitung Das gekochte Hühnerfleisch fein hacken und mit dem Paniermehl sowie den Eiern gut mischen. Daraus kleine Kügelchen formen und in der Friteuse in heißem Öl portionsweise ca. 5 Min. ausbacken. Vor dem Servieren mit Salz bestreuen.
Diese Hühnerkügelchen eignen sich sehr gut zum Aperitif oder als kleine Häppchen zwischendurch. Sie können heiß oder lauwarm gegessen werden.

Gekochtes Huhn
(Platina)

Koche zuerst ein junges Huhn mit Salz, und wenn es halb gekochet ist, so nimm Weinbeeren, mitten von den Trauben am Stock, tue sie in eine heiße Pfanne. Zerschneide Petersilie, Balsamkraut, mache Pfeffer und Safran zu kleinem Pulver. Dies alles wirf in die Pfanne zu dem Huhn und richte es an, wenn es gar ist.
Ist gut und gesund, nähret wohl, wird schnell verdauet, ist von Nutzen für Herz, Magen, Leber und Nieren.

Vorbereitung: 15 Min.
Kochzeit: 90 Min.

Für 4 Personen

1	junges Suppenhuhn	1 TL	Balsamblätter
3 l	Wasser	1 Msp	Pfeffer
3 TL	Salz	1 Msp	Safran
1 EL	Petersilie	100 g	weiße Trauben

Zubereitung Wasser und Salz zum Kochen bringen, das vorbereitete junge Huhn hineinlegen und zugedeckt bei kleiner Hitze ca. 60 Min. ziehen lassen. Danach die gehackte Petersilie und die Balsamblätter, gemahlenen Pfeffer, Safran und die Trauben dazugeben. Nochmals 30 Min. ziehen lassen. Dann das Huhn aus der Brühe nehmen, die Haut abziehen und das Fleisch in Stücke schneiden.
Die Hühnerbrühe eignet sich sehr gut für Suppen.

Huhn an weißer Sauce
(Philippine Welser)

Willst du ein Hühnlein oder sonst ein Fleisch in einer weißen Brühe machen, so nimm ein Hühnlein und schneid's in vier Teile. Tu's in ein Häfelein in gute Fleischbrühe und gib daran auch zwei Petersilienwurzeln und ein wenig Muskat, Ingwerstaub und eine Zwiebel. Wenn's ungefähr halb gesotten ist, so nimm eine Semmel ohne Rinde, die du zuvor in frischem Wasser eingeweicht hast. Davon tu so viel hinein, wie dick du die Brühe haben willst. Du kannst sogar ein wenig Wein dazugeben, dann wird die Brühe viel kräftiger.

Vorbereitung: 10 Min.
Kochzeit: 120 Min.

FÜR 4 PERSONEN

1 kg Suppenhuhn
2 l kräftige Rinderbrühe
1 TL Petersilienwurzel oder
1 Zweig Petersilie
1/2 TL Muskatblüten
1 Msp Ingwer
1 Zwiebel
1 Lorbeerblatt
2 Nelkenköpfe
6 Scheiben Toastbrot
1/2 dl trockener Weißwein
2 TL Maisstärke

Zubereitung Das gereinigte Suppenhuhn in vier Teile schneiden. Die Rinderbrühe mit der Petersilienwurzel, den Muskatblüten, dem Ingwer und der mit Nelken besteckten Zwiebel aufkochen und darin die Geflügelstücke ca. 1 Std. auf kleinem Feuer weich kochen. Vom Toastbrot die Rinde entfernen, das Brot in Wasser einweichen, gut ausdrücken und zusammen mit dem Weißwein und 4 dl Hühnerbrühe aufkochen. Die Maisstärke in kaltem Wasser auflösen und unter die Sauce schlagen. Die Geflügelstücke hineinlegen und nochmals 1 Std. kochen.

Fette Poularde
(La Varenne)

Eine fette Poularde wird zurechtgemacht, Beine und Hals abgeschnitten. In Mehl gewälzt, wird sie dann in Speck oder Fett angebraten und in guter Brühe mit Gewürz gekocht. Wenn sie fast weich ist, tut man Pilze, Gänseleber, etwas Mehl und eine mit Nelken gespickte Zwiebel hinzu. Wenn alles gut gekocht ist und die Sauce schön dick, kann man sie mit Granatäpfeln anrichten.

Vorbereitung: 10 Min.
Kochzeit: 45 Min.

FÜR 4 PERSONEN

1 fette Poularde
1 EL Mehl
2 EL Bratbutter
5 dl Hühnerbrühe
1 Rosmarinzweig
1 Zwiebel
1 Lorbeerblatt
2 Nelkenköpfe
50 g Champignons
20 g Gänseleber
1/2 EL Mehl
1 EL Butter
2 EL Granatapfelkerne
Salz und Pfeffer

Zubereitung Die Poularde waschen, trocknen und im Mehl wenden. In Bratbutter auf allen Seiten anbraten. Die Hühnerbrühe mit dem Rosmarinzweig und der mit Nelken und Lorbeer besteckten Zwiebel aufkochen. Die Poularde zugeben und zugedeckt im Backofen bei 200 °C ca. 30 Min. garen. Die Zwiebel und den Rosmarinzweig entfernen. Die Champignons und die Gänseleber in Scheiben schneiden, das Mehl mit der Butter zu einer Kugel kneten und in Flöckchen zur Poularde geben. Nochmals 15 Min. garen, die Poularde in Stücke schneiden und mit Granatapfelkernen bestreuen. Die Sauce mit Salz und Pfeffer abschmecken und separat servieren.

Huhn in Weißwein
(Nicolas de Bonnefons)

Um ein ausgezeichnetes Huhn in Wein zu machen, nimmt man Hühner, schneidet sie in Stücke, wischt sie gut ab, legt sie in zerlassenen Speck oder mindestens in Butter, damit sie einen gebratenen Geschmack annehmen. Dann gießt man heißes Wasser ohne Wurzelzeug an, mit Salz, Gewürzen oder anderen Zutaten wie Weißwein, Traubensaft, Schalotten, feinen Kräutern, Orangen- oder Zitronenschalen. Ganz vorzüglich schmecken auch einige Pilze daran. Petersilienblätter dienen gleichzeitig zur Verzierung und um dem Frikassee einen guten Geschmack zu geben.

Vorbereitung: 10 Min.
Kochzeit: 25 Min.

Für 4 Personen

- 1 Huhn
- 50 g Speckwürfel
- 2 dl Wasser
- Salz und Pfeffer
- 1 TL Paprika
- 2 Frühlingszwiebeln
- 4 Salbeiblätter
- 1 Thymianzweig
- 1/2 Zitrone
- 1 dl Weißwein
- 2 EL weißer Traubensaft
- 20 g Pilze
- 1 Bündel italienische Petersilie

Zubereitung Das Huhn in Stücke schneiden, waschen und gut trocknen. In der Bratpfanne den Speck auslassen und die Hühnerstücke kräftig anbraten. Etwas Fett abgießen, heißes Wasser zugeben, mit Salz, Pfeffer und Paprika würzen und mit den gehackten Frühlingszwiebeln, den Kräutern, der abgeriebenen Zitronenschale, dem Weißwein und Traubensaft verfeinern. Die Pilze in Scheiben schneiden und ebenfalls zugeben. Auf kleinem Feuer ca. 15 Min. kochen. Mit Petersilie garniert servieren.

Katalonisches Geflügel
(Platina)

Die Katalonier sind in bezug auf das Essen eine äußerst reinliche Nation. Sie gleichen in ihren Werkzeugen, ihren Sitten und in ihrer Lebensweise sehr den Italienern. Ein Fleischgericht, das sie »Miraux« nennen, bereiten sie folgendermaßen zu: Sie nehmen einen Kapaun, Huhn oder Tauben, reinigen den Vogel, nehmen ihn aus, waschen ihn und braten ihn am Spieß unter ständigem Drehen, bis er zur Hälfte gar ist. Dann nehmen sie ihn vom Feuer, zerlegen ihn in Stücke und tun ihn in einen Topf. Inzwischen haben sie Mandeln in heißer Asche geröstet, abgewischt und zerstampft. Sie kommen zusammen mit gerösteten Brotscheiben, die sie zuvor in Essig eingeweicht und dann zerrieben haben, in den Bratensaft. Mit Zimt, Ingwer und viel Zucker wird das Fleisch nun langsam auf Kohlenfeuer gekocht, bis es fertig ist. Man muß fleißig mit dem Löffel umrühren, damit nichts anbrennt. Es gibt kaum ein schmackhafteres Gericht.

Vorbereitung: 30 Min.
Kochzeit: 45 Min.

FÜR 4 PERSONEN

2	Poulets à 700 g	2 EL	Butter
	Salz und Pfeffer	3 EL	Weinessig
100 g	ganze, ungeschälte Mandeln	1 TL	Ingwer
80 g	Brotwürfelchen	$^1/_2$ TL	Zimt
		3 EL	Zucker

Zubereitung Die gereinigten Poulets mit Salz und Pfeffer innen und außen einreiben und am Bratspieß auf dem Grill ca. 20 Min. braten. Die Mandeln ca. 15 Min. in heißer Asche oder mit etwas Butter in einer Bratpfanne rösten. Von der Asche säubern und im Mörser zerstampfen. Die Brotwürfelchen in heißer Butter goldbraun rösten, mit Essig beträufeln und ebenfalls im Mörser zerstoßen. Die Poulets zerteilen, in einen gewässerten Römertopf legen und mit den Mandeln, dem Brot, geraffeltem Ingwer, Zimt sowie Zucker bestreuen und zugedeckt im Backofen bei 160 °C ca. 25 Min. garen. Ein wundervolles Gericht, in der Tat!

Lombardischer Reistopf
(Bartolomeo Scappi)

Ein Reisgericht auf lombardische Art mit Geflügel, Würstchen und Eigelb.
Den gereinigten Reis zusammen mit Kapaun, Gans und Würstchen kochen. Einen Teil des Reises in ein Tongefäß füllen, mit Carcio-Käse, Zucker und Zimt würzen. Dann Flocken aus Butter darauf verteilen und das Kapaunfleisch, die Gänsebrüstchen und die kleinen Stückchen Wurst darauflegen und würzen. Auf diese Weise drei Schichten machen und zum Schluß flüssige Butter darübergießen und mit Gewürzen bestreuen. Eine halbe Stunde lang alles in den Ofen schieben, der nicht zu heiß sein soll. Dann mit Reiswasser überträufeln und heiß servieren.

Vorbereitung: 10 Min.
Kochzeit: 35 Min.

FÜR 4 PERSONEN

300 g	Reis	2	Eigelb
10 dl	Hühnerbrühe	50 g	Butter
200 g	Hühnerbrust	50 g	Parmesan
12	kleine Kalbswürstchen		Zucker, Zimt und Parmesan

Zubereitung Den Reis zusammen mit der in Streifen geschnittenen Hühnerbrust und den Würstchen gar kochen. Zurückbleibende Brühe größtenteils abschöpfen und in einem Gefäß zur Seite stellen.
Das Fleisch herausnehmen und in eine Schüssel legen. Je nach Geschmack etwas von der Zucker-Zimt-Parmesan-Mischung darüberstreuen. Einen Teil des gekochten Reises in eine hohe, gebutterte Form geben und mit einer gemischten Schicht Fleisch belegen. Wieder eine Schicht Reis darüber verteilen und die Eigelb darüberstreichen. Nochmals etwas Reis darübergeben und das restliche Fleisch darauflegen. Das Fleisch mit dem restlichen Reis bedecken, noch einige Butterflocken darauf verteilen und alles bei 180 °C ca. 20 Min. im vorgeheizten Ofen backen. In der Form servieren.

Hühnerleber
(Frantz de Rontzier)

Leber von Hühnern bringt man, wenn sie gesotten, mit Wein und Wasser zum Feuer, macht sie an mit Feigen, Safran, Butter und Ingwer.

Vorbereitung: 10 Min.
Kochzeit: 5 Min.

FÜR 4 PERSONEN

600 g Hühnerleber
1 l Hühnerbrühe
1/2 dl trockener Weißwein
1 Msp Safran
1 Msp Ingwer
2 Feigen
1/2 EL Butter

Zubereitung Die Hühnerleber reinigen und in mundgerechte Stücke schneiden. Die Hühnerbrühe mit dem Wein, dem Safran und dem Ingwer aufkochen und die Leber für ca. 4 Min. hineinlegen. Die frischen Feigen in Scheiben schneiden, in Butter andünsten und mit der abgetropften Leber servieren.

Wild

1. Zugerichter Drat zu dem Hirschen, Reh, und Gembs.
2. Drat zu dem Löwen, Steinbock, ü. andern dergleichen Thier.
1

3. Die Häls seyn von holtz gemacht
2

Die Gembs.

Die Hirsch Pastet.

Wildente mit Pflaumensauce
(Bartolomeo Scappi)

Große und kleine Wildenten gibt es viele, solche mit bunten Federn und gescheckten Beinen. Aber die besten haben rote Beine und rote Schnäbel und leben auf dem offenen Land. Solche mit schwarzen Schnäbeln und Beinen, die in den Bergtälern leben, sind nicht so gut. Alle können aber am Spieß gebraten oder aber gekocht werden. Dazu rupfe und senge die Enten, entferne Hals und Füße und lege sie in Rotwein und ein wenig Essig mit gehacktem Schinken, Pfeffer, Zimt, Nelken, Muskatnuß, Ingwer, Salbei und Rosinen in einen Topf. Decke diesen zu, so daß der Dampf nicht entweicht, und lasse alles eineinhalb Stunden kochen. Ist die Ente größer oder älter, so dauert es länger. Ist sie gar, richte sie mit der Sauce an. Du kannst auch große Zwiebeln mit der Ente kochen, Pflaumen und gedörrte, wilde Kirschen.

Vorbereitung: 15 Min.
Kochzeit: 70 Min.

FÜR 4 PERSONEN

2	junge Wildenten	1 Msp	Nelkenpulver
	Salz und Pfeffer	1 Msp	Muskatnuß
5 dl	Rotwein	1/2 TL	Ingwer
1/2 dl	Rotweinessig	6	Salbeiblätter
150 g	Schinken	50 g	Rosinen
1/2 TL	Zimt	200 g	entsteinte Dörrpflaumen

Zubereitung Die gereinigten Wildenten innen und außen mit Salz und Pfeffer würzen. Den Rotwein und den Essig in eine gut schließende Kasserolle gießen und die Enten dazulegen. Den Schinken hacken und zusammen mit den Gewürzen, den Salbeiblättern, den Rosinen und den Pflaumen zu den Enten geben. Den Backofen auf 180 °C vorheizen und dann ca. 70 Min. braten. Von Zeit zu Zeit mit der Sauce begießen. Die Salbeiblätter entfernen, die Enten tranchieren, die Sauce eventuell noch etwas einkochen und die Ententeile zusammen mit der heißen Sauce servieren.

Gefüllte Ente
(Frantz de Rontzier)

Von wilden Enten: Man schneidet Äpfel in Viertel, Speck in Würfel, tut ein wenig Pfeffer hinein, füllet die Enten damit und bratet sie.

Vorbereitung: 15 Min.
Kochzeit: 110 Min.

Für 4 Personen

1 Ente
Salz und Pfeffer
4 saure Äpfel
80 g Speck
3 EL Sonnenblumenöl
2 EL Wasser

Zubereitung Die Ente innen und außen säubern, trockenreiben und mit Salz und Pfeffer würzen. Die Äpfel schälen, das Gehäuse herausschneiden und die Äpfel in Würfel schneiden. Den Speck würfeln, dazugeben und die Füllung etwas pfeffern. Die Ente füllen. Das Öl in einer Kasserolle erhitzen, die Ente auf allen Seiten anbraten und im Backofen bei 180 °C zugedeckt 90 Min. garen. Immer wieder mit dem Bratensaft begießen und nach halber Bratzeit wenden. Zum Schluß mit kaltem Wasser bestreichen und nochmals abgedeckt bei starker Oberhitze knusprig braten.

Adriaen von Nieulandt, *Küchenstück*

Gefüllte Gans
(Sabina Welser)

Nimm eine Gans, fülle sie mit Zwiebeln, abgeschälten Quitten, Birnen und Speck, stecke sie dann an einen Spieß und brate sie.

Vorbereitung: 25 Min.
Kochzeit: 130 Min.

Für 8 Personen

1	junge Gans (ca. 4 kg)	4	Quitten
	Salz und Pfeffer	4	Birnen
200 g	Zwiebeln	400 g	Speckwürfel

Zubereitung Die gesäuberte Gans innen und außen mit Salz und Pfeffer würzen. Die Zwiebeln in Ringe schneiden. Die Quitten nicht waschen, sondern nur mit einem Tuch abreiben, ungeschält vierteln, das Kerngehäuse entfernen und in feine Scheiben schneiden. Die Birnen schälen und in Schnitze schneiden. Alles mit den Speckwürfeln mischen und die Gans damit füllen. Am Bratspieß ca. 120 Min. braten. Eventuell mit Alufolie abdecken, damit die Gans nicht zu dunkel wird. Den Bratensaft auffangen und die Gans damit begießen. Vor dem Aufschneiden 10 Min. zugedeckt ruhen lassen.

Hirschpastete
(Sabina Welser)

Nimm das Fett von einem Ochsen und hack es klein, und Rosmarin, frisch oder getrocknet. Wenn du keinen hast, nimm Majoran oder Anis oder Salbei, soviel du willst. Hack es zusammen klein. Tu Nelken, Pfeffer, Ingwer und Salz dazu, soviel du willst. Gieß ein halbes Maß Wein daran.
Das Wildbret muß man kochen. Mache eine Pastete in der gleichen Art wie die Kalbfleischpastete und laß sie backen. Servier sie warm.

Vorbereitung: 15 Min. und 1 Std. zum Ziehenlassen
Kochzeit: 35 Min.

Für 4 Personen

150 g	geräucherter Speck
	oder
100 g	Ochsenfett
600 g	gekochter Hirschbraten
1 Msp	Nelkenpulver
1 TL	Pfeffer
1/2 TL	Ingwer
2 TL	Salz
1 EL	Rosmarinnadeln
1/2 dl	Rotwein

Für den Teig

300 g	Roggenmehl
120 g	Butter
1 1/2 dl	Salzwasser
1 EL	Butter

1 Eiweiß zum Bestreichen

Zubereitung Den Speck in kleine Würfel schneiden. Den gekochten Hirschbraten mit Nelkenpulver, Pfeffer, geriebenem Ingwer und Salz würzen, mit den gehackten Rosmarinnadeln bestreuen und mit dem Rotwein beträufeln. Im Kühlschrank 1 Std. ziehen lassen. Einen Pastetenteig mit Roggenmehl zubereiten und eine gebutterte Spring- oder Pastetenform mit zwei Dritteln des Teigs auslegen. Mit dem Fleisch füllen. Mit dem restlichen Teig einen Deckel formen, die Pastete zudecken und die Teigränder mit Eiweiß zusammenkleben. Im vorgeheizten Backofen bei 200 °C ca. 35 Min. backen.

Hasenpastete
(Philippine Welser)

Den Hasen spicken und würzen und der Länge nach in die Pastete geben. Eine Stunde laß ihn backen.

Vorbereitung: 15 Min.
Kochzeit: 105 Min.

Für 4 Personen

1 kg	Hasen- oder Kaninchenragout
	Salz, Pfeffer
1 EL	eingekochte Butter
1	Möhre
1	Lauchstengel
1	Zwiebel
200 g	Speckscheiben
1	Sellerieknolle
1	Rosmarinzweig
1/2 dl	Wasser
1/2 dl	trockener Weißwein
500 g	Brotteig aus einem Gemisch von Weizen- und Roggenmehl

Zubereitung Das Hasenragout mit Salz und Pfeffer würzen und in einer Kasserolle anbraten. Das Gemüse rösten, würfeln und zusammen mit den gehackten Rosmarinnadeln zum Ragout geben. Etwas Wasser und Wein zugeben und 40 Min. im vorgeheizten Backofen bei 180 °C braten. Immer wieder mit der Sauce begießen. Mit Salz und Pfeffer abschmecken und etwas auskühlen lassen. Ein Drittel des Brotteigs auf dem Tisch ausrollen, mit Speckscheiben belegen, das Fleisch darübergeben und mit Speckscheiben zudecken. Den Brotteig darüber zusammenschlagen, auf ein Backblech legen und im Backofen 45 Min. backen.
Wir haben uns hier für Philippine Welsers Zubereitungsart von Pasteten entschieden, obwohl die Anweisungen im Originalrezept nicht deutlich sind. Statt aber den ganzen Hasen zu häuten, zu spicken und in Brotteig einzuschlagen, haben wir eine Zubereitungsart gewählt, die unserer Zeit entspricht.

Hase in Kapernsauce
(La Varenne)

Den Wildhasen kann man wie ein Huhn in Weißwein machen, oder man kann ihn in einer Bratpfanne mit etwas Mehl in Butter anbraten, dann in einer guten Brühe behutsam kochen und mit einem Kräutersträußchen würzen. Man kann Frühlingszwiebeln, Kapern, Orangensaft oder den Saft von Zitronen dazugeben und anrichten.

Vorbereitung: 15 Min.
Kochzeit: 90 Min.

FÜR 4 PERSONEN

1 kg	Hase
	Salz und Pfeffer
1 EL	Mehl
1 EL	Bratbutter
3 dl	Fleischbrühe
1 EL	frische Kapern
1 dl	Orangensaft
1	Gewürzsträußchen aus Petersilie, Thymian und Lorbeerblatt

Zubereitung Den gesäuberten Hasen in Stücke schneiden, mit Salz und Pfeffer würzen, in Mehl wenden und in einer Kasserolle in Bratbutter kräftig anbraten. Mit Fleischbrühe ablöschen, Kapern, Orangensaft und das Kräuterbündel zugeben und auf kleiner Flamme ca. 90 Min. kochen. Das Fleisch immer wieder mit der Sauce begießen. Wenn es gar ist, die Sauce durchsieben, eventuell etwas einkochen, abschmecken und vor dem Anrichten über die Fleischstücke gießen.

Rehbraten
(Pierre de Lune)

Spick das Reh mit dickem Speck, brate es in der Bratpfanne mit zerlassenem Speck an und tu es dann in eine Kasserolle. Würz den Braten mit Salz, Pfeffer, einem Bündel Gewürz, Lorbeer, Muskat und gib Rindfleischbrühe oder warmes Wasser hinzu. Dann gieß Weißwein hinein, gib Stückchen grüner Zitrone dazu und binde die Sauce mit einer Mehlschwitze. Bevor du sie servierst, gib Kapern, Zitronensaft oder Essig dazu.

Vorbereitung: 10 Min.
Kochzeit: 60 Min.

Für 4 Personen

1 kg	gespickter Rehbraten
1 EL	Schweineschmalz
	Salz und Pfeffer
1	Liebstöckelzweig
1	Rosmarinzweig
1	Lorbeerblatt
1/2 TL	Muskatblüten
3 dl	Rinderbrühe
1/2 EL	Mehl
1 EL	Butter
1/2 dl	süßer Weißwein
1	Limone
2 EL	Kapern
1 EL	Zitronensaft

Zubereitung Den Rehbraten vom Metzger mit möglichst feinen Speckstreifen spicken lassen. In der Bratpfanne das Schweineschmalz erhitzen und den Braten auf allen Seiten rasch anbraten. Mit Salz und Pfeffer würzen und in eine Kasserolle legen. Ein Kräuterbündel aus Liebstöckel, Rosmarin und Lorbeerblatt dazugeben, Muskatblüten darüberstreuen und die Rinderbrühe darübergießen. Im Backofen bei 160 °C ca. 45 Min. garen. Das Fleisch aus der Kasserolle nehmen und zugedeckt warm stellen. Mehl und Butter zu einer Kugel kneten und flöckchenweise mit dem Weißwein und den Limonenscheiben zur Sauce geben. 15 Min. köcheln lassen, das Kräuterbündel und die Limonenscheiben herausnehmen und die Sauce abschmecken. Den Rehbraten aufschneiden, die Kapern mit dem Zitronensaft marinieren und darübergießen. Servieren und die Sauce dazu reichen.

Kalte Rehkeule an Orangensauce

(Frantz de Rontzier)

Eine geklopfte Rehkeule brät man geschwind an. Danach siedet man Pomeranzensaft in Wein, gibt Zucker, Zimt, Muskatblumen und zerriebenes Weißbrot dazu, gibt's über den Braten. So mag man die Rehkeule kalt oder warm zu Tisch geben.

Vorbereitung: 10 Min.
Kochzeit: 100 Min.

Für 4 Personen

1 kg	Rehkeule
	Salz und Pfeffer
100 g	Speckwürfel
100 g	Butter
2 dl	Rotwein
3 dl	Rinderbrühe

Für die Sauce

2	Orangen
1 TL	Zucker
1	Zimtstange
1 TL	Muskatblüten
2 EL	Paniermehl

Zubereitung Die Rehkeule gut klopfen und anschließend mit Salz und Pfeffer würzen. Die Speckwürfel in einer Kasserolle anbraten, die Butter dazugeben und das Fleisch auf allen Seiten kräftig anbräunen. Mit dem Rotwein und der Rinderbrühe ablöschen und im Backofen ca. 90 Min. gar werden lassen. Öfter mit dem Bratensaft begießen. Vor dem Aufschneiden abkühlen lassen.
Für die Sauce den Orangensaft zusammen mit 2 EL Bratensaft, dem Zucker, der Zimtstange und den Muskatblüten 10 Min. kochen. Absieben, das Paniermehl dazugeben, nochmals aufkochen, mit Salz und Pfeffer abschmecken und warm oder kalt über die aufgeschnittene Rehkeule geben.

Türkisches Omelett
(La Varenne)

Das Fleisch vom Rücken eines Hasen oder eines anderen Wilds mit ein wenig Speck fein würzen. Dazu gibt man Pistazien oder Mandeln, große oder kleine Haselnüsse, geröstete oder geschälte Maronen, Kastanien oder Brotkrusten, die man in Stücke schneidet. Die salzt man, würzt sie mit einigen feinen Kräutern und brät sie in zerlassener Butter oder Schmalz. Nun zerläßt man Butter in einer Pfanne und macht ein Omelett. Wenn es fast fertig ist, gibt man alles Fleisch darauf, backt es fertig und hebt es mit einem großen Löffel aus der Pfanne, daß es nicht zerbricht und die Füllung oben bleibt. Das Omelett noch mit etwas Fleischsaft beträufeln, etwas Muskat draufreiben und, so man will, noch gebackenes Brot oder Zitronenschnitze hinzufügen.

Vorbereitung: 15 Min.
Kochzeit: 15 Min.

Für 4 Personen

400 g Rehrücken
50 g Speck
20 g Pistazien
1/2 EL Majoran
1/2 EL Thymian
Salz und Pfeffer
1 EL Bratbutter

Für die Fülle

8 Eier
1/2 TL Muskat
1 Msp Safran
1 Msp Muskatnuß
8 EL Wasser
2 EL Butter

Zubereitung Das Rehfleisch und den Speck hacken, Pistazien und gehackte Kräuter daruntermischen und mit Salz und Pfeffer abschmecken. In Bratbutter kräftig durchbraten. Eier, Salz Muskatnuß, Safran und heißes Wasser kräftig verschlagen und in Butter vier Omeletts backen. Das gebratene Fleisch darauf verteilen, die Omeletts zusammenrollen und servieren. Auch Wildreste können so sehr gut verwendet werden.

Hirschleber an Orangensaft
(Frantz de Rontzier)

Man schneidet die Hirschleber in Streifen, brät sie auf einem Rost, begießt sie dann mit Butter und legt sie in eine Schüssel. Dann brät man Speck, gibt ihn darüber und begießt alles mit Weinessig und Pomeranzensaft. Alsdann setzt man das auf die Kohlen, so daß die Leber aufsiede, streut etwas Salz und Pfeffer darüber, bevor man sie zu Tische trägt.

Vorbereitung: 5 Min. und 30 Min. einlegen
Kochzeit: 8 Min.

FÜR 4 PERSONEN

800 g Hirschleber
2 dl Milch
2 dl Orangensaft
1 EL Weinessig
1 EL Butter
8 Speckscheiben
Salz und Pfeffer

Zubereitung Den Orangensaft und den Weinessig aufkochen. Die Hirsch- oder Rindsleber in Streifen schneiden, 30 Min. in Milch einlegen und danach gut abtrocknen. Den Speck in der Butter anbraten, die Leber dazugeben und kurz mitbraten. Mit Salz und Pfeffer würzen, den heißen Orangensaft dazugießen und alles noch ca. 5 Min. köcheln lassen.

Wildschwein im Teig

(Philippine Welser)

Nimm das Wildbret und wälz es halb in Essig und halb in Wein. Danach nimm Pfeffer und Salz, kehr lange Schnitz darin um und spicke es wohl. Nimm Mehl, zwei Eier, ein wenig Schmalz und warmes Wasser und mach daraus einen zähen Teig. Roll ihn aus, so groß wie das Fleisch ist, oder mach zwei Teigstücke. Schlag das Wildbret darin ein, mache ein paar Kreuzlein oder sonst etwas Hübsches in den Teig, bestreich's überall mit ein wenig Ei, tu's in eine Pfanne und back's drei Stunden. Dann mach oben ein Loch darein, gieß halb Essig und Wein hinein und laß es noch eine Stunde backen.

Vorbereitung: 20 Min. plus 2 Tage und 30 Min.
Kochzeit: 120 Min.

FÜR 4 PERSONEN

1 kg Wildschweinbraten
150 g Speck
1 Birne
Salz und Pfeffer
2 EL Öl
1 EL Butter

Für den Teig

300 g Roggenmehl
120 g Butter
1 dl Salzwasser
2 Eier

Für die Marinade

1 l Rotwein
1/2 l Essig
1 St. Ingwer
10 Wacholderbeeren
10 Pfefferkörner
1 Lorbeerblatt
1 Sellerie
2 Möhren

Zubereitung Den Wildschweinbraten vom Metzger mit Speck spicken lassen. Rotwein und Essig zusammen mit Ingwer, Wacholderbeeren, Pfefferkörnern, dem Lorbeerblatt und dem kleingeschnittenen Gemüse 10 Min. aufkochen, dann erkalten lassen und das Fleisch 2 Tage darin marinieren.
Den Braten abtrocknen, mit Salz und Pfeffer einreiben und in einem Gemisch aus Öl und Butter kräftig anbraten.
Das Roggenmehl und die Butter verreiben und mit dem warmen Salzwasser und zwei Eiern zu einem Teig kneten. Ausrollen und das Fleisch drauflegen. Zur Verfeinerung eine Birne schälen, in Würfel schneiden und über das Fleisch verteilen. Den Braten mit dem Teig einschlagen und die Teigränder mit Eiweiß zusammenkleben. Mit den Teigresten eine Rosette formen und auf dem

Nicolas Gillis, *Stilleben*, 1611

Deckel Verzierungen anbringen. Die Pastete mit Eigelb bestreichen. Im Backofen bei 180 °C 60 Min. backen.
1 dl der Rotweinmarinade mit Salz und Pfeffer würzen. Vorsichtig ein Loch in den Teigdeckel schneiden, die Flüssigkeit durch ein Sieb in die Pastete gießen, das Loch wieder verschließen und das Wildschwein nochmals 60 Min. backen.

Wildschweinkeule
(Frantz de Rontzier)

Man zieht die Haut von einer Schweinekeule und lege sie auf den Rost. Die Keule spickt man der Länge nach mit Speck, besprengt sie mit Salz, Pfeffer, Nelken und Muskatblüten und läßt sie vier Stunden im Ofen stehen. Will man sie warm zum Tisch geben, tut man Limonen oder Rosinen dazu. Mit Zucker bestreut man sie.

Vorbereitung: 10 Min.
Kochzeit: 4 Std.

Für 4 Personen

- 1 gespickte Wildschweinkeule
- 2 TL Salz
- 1/2 TL Pfeffer
- 1 Msp Nelkenpulver
- 1/2 TL Muskatblüten
- 1 TL Zucker
- 2 Limonen

Zubereitung Die enthäutete Wildschweinkeule vom Metzger mit viel Speck spicken lassen. Mit Salz, Pfeffer, Nelkenpulver und Muskatblüten einreiben und in einen gewässerten Römertopf legen. Zugedeckt im Backofen bei 100 °C ca. 4 Std. schmoren lassen. Vor dem Servieren mit Zucker bestreuen und mit Limonenscheiben garnieren.

Wildpfeffer
(Sabina Welser)

Ein frisches Wildbret koche in zwei Teilen Wasser und einem Teil Wein, und wenn es gekocht ist, dann schneide es in Stücke und leg's in eine Pfeffersauce. Laß es eine Weile darin sieden.
Die Sauce machst du so: Nimm Roggenbrot, schneide die harte Rinde ab und schneide es in Stücke, so dick wie ein Finger und so breit wie der Laib. Bräune sie über dem Feuer, bis sie anfangen, auf beiden Seiten schwarz zu werden. Tu sie dann sofort in ein kaltes Wasser, laß sie aber nicht zu lang darin liegen. Danach tu es in einen Kessel, gieße die Wildfleischbrühe daran, siebe sie durch ein Tuch, hacke Zwiebel und Speck ganz fein, laß sie miteinander schwitzen, tu nicht zu wenig in die Pfeffersauce, laß sie einkochen und tu Essig daran, dann hast du einen guten Wildpfeffer.

Vorbereitung: 15 Min.
Kochzeit: Je nach Wildsorte zwischen 35 und 135 Min.

FÜR 4 PERSONEN

1 kg Wildfleisch, z. B. Wildschwein
4 dl Wasser
2 dl Rotwein

Für die Sauce

4 Roggenbrotscheiben
1 Zwiebel
30 g Speckwürfel
1 EL Olivenöl
1 Msp Pfeffer
1 TL Salz
2 EL Weinessig
Salz und Pfeffer

Zubereitung Wasser und Wein mischen und aufkochen. Das vorbereitete Wild darin je nach Sorte zwischen 20 und 120 Min. garen.
Für die Sauce die Rinde vom Roggenbrot entfernen, das Brot in fingerbreite Stücke schneiden und in einer Teflonpfanne ohne Zugabe von Fett bräunen. Danach kurz in kaltes Wasser tauchen. Zwiebeln und Speck fein hacken, in Olivenöl andämpfen und mit 3 dl der abgesiebten Wildbrühe ablöschen. Pfeffer, Salz, Weinessig und die gerösteten Brotstücke zugeben. Das Fleisch in Ragoutstücke schneiden und in der Sauce nochmals ca. 15 Min. kochen lassen. Mit Salz und Pfeffer abschmecken.

Wildpfeffer
(Platina)

Einen Pfeffer von Wildbret mache also: Tu in ein Geschirr so viel guten schwarzen Wein, als man sonst Wasser nähme. Wasche das Fleisch darin wohl, siebe es nachher durch, tu Salz daran, so viel es bedarf, und setze das Fleisch in dem Abgesiebten aufs Feuer. Wenn das Fleisch gesotten ist, nimm es aus dem Hafen, zerlege es fein ordentlich und tu es in eine Schüssel.
Röste danach Brotscheiben, lege sie in einen scharfen Essig und laß sie darin weichen. Wenn sie alles aufgetrunken haben, stoße sie mit einem Pfund Weinbeerlein, tu das Blut und den Schmalz von einem Vogel oder sonst ein gut Süpplein dazu, misch alles zusammen und tu daran den gesottenen Wein mit Essig, siebe es alles durch und tu es in eine Pfanne. Spreng Pfeffer, Nelken, Zimt daran, laß alles ungefähr eine halbe Stunde fein sieden, rühr es oft mit einem Löffel um und schütte es hernach über das Fleisch.

Vorbereitung: 20 Min. und 2 Tage marinieren
Kochzeit: 90 Min.

Für 4 Personen

1 kg	Wildfleisch
2 l	kräftiger Rotwein
	Salz und Pfeffer
100 g	Vollkornbrot
1 EL	Butter
2 EL	Weinessig
100 g	blaue Trauben
1 dl	Blut vom Wild oder Schwein
	oder
1 dl	Rinderbrühe
1 Msp	Zimt
1 Msp	Nelkenpulver

Zubereitung Das Wildfleisch in Stücke schneiden und im herben Rotwein ca. 2 Tage marinieren. Das Fleisch salzen, die abgesiebte Marinade aufkochen und das Wild darin ca. 90 Min. kochen.
Das Brot in Würfel schneiden und in der Butter rösten. Brot, Weinessig und Traubenbeeren mit dem Mixer pürieren oder mit dem Mörser zerstoßen, mit Blut oder der Fleischbrühe und 2 dl Marinade mischen und 30 Min. aufkochen. Absieben, mit Salz, Pfeffer, Zimt und Nelkenpulver würzen und eventuell etwas einkochen. Das Fleisch aus der Marinade heben und mit der Sauce begießen.

Gefüllte Vögel
(Sabina Welser)

Nimm kleine Waldvögel, fasse sie mit einem Finger und fülle sie mit Eiern. Stoß Anis und Wacholderbeeren und tu die darunter, damit sie nicht riechen. Laß den Vögeln die Füße und den Kopf, stecke sie auf einen Spieß, brate sie nicht zu trocken und mach in der Schüssel eine süße Sauce dazu.

Dieses Renaissance-Rezept würde man heute wegen des Tierschutzes nicht mehr verwenden.

Sauce für Vögel
(Sabina Welser)

Nimm geröstete Brotscheiben, treib sie zusammen mit Fleischbrühe und ein wenig Essig durch, tu danach Safran, Nelken, Pfeffer, ein wenig Zucker und Weinbeeren daran.

Vorbereitung: 10 Min.

FÜR 4 PERSONEN

- 2 Weißbrotscheiben ohne Rinde
- 3 dl Rinderbrühe
- 1 EL Weißweinessig
- 1 Msp Safran
- 1 Msp Nelkenpulver
- 1 Msp Pfeffer
- 1/2 EL Zucker
- 1 EL Rosinen

Zubereitung Die Brotscheiben ohne Zugabe von Fett in der Teflonpfanne rösten. Zusammen mit der Rinderbrühe und dem Essig passieren und mit Safran, gemahlenen Nelken, Pfeffer und Zucker würzen. Rosinen dazugeben. Diese Sauce wurde vermutlich zu Vögeln, die man am Spieß briet, gereicht, und sie weiß auch heute noch zu überraschen.

Kleine Gerichte

Tortellini mit Schweinefleischfüllung
(Bartolomeo Scappi)

Man nehme vier Pfund frischen Schweinebauch ohne das Schwanzstück, lasse ihn gut kochen, nehme ihn aus dem Sud, lasse ihn abkalten, entferne Haut und Knochen und schlage ihn 1 Minute mit dem Messer. Dann nehme man gut gekochtes Kalbseuter und dazu 1 1/2 Pfund junges, mageres Euter, das man am Spieß gebraten hat. Beides soll von der jungen Kuh sein. Das alles klopfe gut zusammen, gib 1 Pfund geriebenen Parmesankäse und einen anderen Fettkäse hinzu, 6 Unzen Proventura auf geriebenen Frischkäse, der nicht zu salzig ist, 8 Unzen zerriebenen Zimt, 3 Pfefferkörner, 3 Nelken und eine Muskatnuß, 6 Unzen gut geputzte Korinthen, 10 Unzen Enula-Kraut, das du im Wasser gekocht und dann gestoßen hast, 8 frische Eier und viel Safran.
Dann nimm den Teig, mache Blättchen daraus und forme dann kleine Ringe so groß wie Bohnen oder Kichererbsen. Darauf lege die Füllung, gib den Teig darüber und drücke ihn zu, so daß es wie Hütchen aussieht. Danach laß es ruhen, und dann koch's in einer Fleischbrühe. Mit einem großen Löffel leg sie in eine Schüssel, dann laß es ruhen. Vor dem Servieren bestreu es mit Caccio-Käse, Zucker und Zimt.
Im Winter kannst du es gut für einen Monat konservieren.

Vorbereitung: 2 Std.
Kochzeit: 10 Min.

FÜR 4 PERSONEN

300 g	Hackfleisch
50 g	gepökeltes Schweinefleisch
50 g	geriebener Parmesan
50 g	Proventurakäse
1/2 TL	Zimt
1 Msp	Pfeffer
1 Msp	Nelkenpulver
1 Msp	geriebene Muskatnuß
1 EL	Rosinen
1 EL	feingehackte Petersilie
2	Eier
1	Priese Safran
2 l	Fleischbrühe
	Parmesan, Zucker und Zimt zum Bestreuen

Zubereitung Den Teig wie im Rezept für Eiernudeln (s. S. 221) zubereiten und zugedeckt ruhen lassen. Das Hackfleisch mit dem kleingeschnittenen gepökelten Schweinefleisch und den beiden Käsesorten vermischen und kurz anbraten. Gewürze und Eier hinzugeben, gut vermischen und etwas abkühlen lassen. Den Teig auf einem leicht eingemehlten Küchentisch oder Brett ausrollen und kleine, runde Teigstücke ausstechen.

In die Mitte fingerdick die Füllung legen, ein weiteres rundes Teigstück darüber geben und die Ränder zudrücken. In der Fleischbrühe ca. 10 Minuten sieden lassen, jedoch nicht kochen. Die Tortelletti mit einem Schaumlöffel aus der Brühe heben und warm servieren. Dazu Scappis Lieblingsmischung aus Käse, Zucker und Zimt zum Bestreuen reichen.

Wir haben das Originalrezept etwas modifiziert, um es dem heutigen Geschmack anzupassen. Statt Kalbseuter haben wir gepökeltes Schweinefleisch verwendet, das weniger geschmacklich, wohl aber vom Biß her dem heute nicht so sehr geschätzten Euter ähnelt. Als Hackfleisch nahmen wir ein durchwachsenes Schweinestück, da die Füllung sonst zu trocken wird. Der Proventurakäse, eine Art geräucherter Mozzarella, der auch alleine sehr gut schmeckt, gibt dem Ganzen eine besondere Note.

Nach dem Originalrezept erhält man kleine Tortelletti mit winziger Füllung, wie wir sie heute ja auch maschinell hergestellt kennen. In Handarbeit sind sie jedoch außerordentlich mühsam zu formen. Wir haben daher 5 x 7cm große Stücke aus dem Teig geschnitten und gefüllt. Das Ergebnis unterschied sich nicht im Geschmack, doch verkürzten die größeren Tortelletti die Zubereitungszeit erheblich.

Bartolomeo Scappi empfiehlt fast zu jedem Gericht eine Mischung aus Reibkäse, Zucker und Zimt. Das schmeckt, wenn man sehr viel Zimt beigibt, gar nicht schlecht. Geblieben ist aber bis heute die Sitte, zu fast allen Nudelgerichten Parmesan zu reichen.

Pieter Aertsen, *Marktfrau am Gemüsestand*

Käsetaschen
(Nicolas de Bonnefons)

Man rollt den Teig ganz dünn aus, schneidet ihn rund und tut eine Fülle aus Käse darauf. Dann legt man ein anderes Teigstück darauf, so daß das Küchlein drei Ecken erhält. Man soll von der Füllung aber noch etwas sehen. Den Teig läßt man im Ofen aufgehen und schön bräunen.

Vorbereitung: 15 Min.
Backzeit: 30 Min.

Für 4 Personen

100 g	Hartkäse, z. B. Parmesan oder Tilsiter
100 g	Weichkäse, z. B. Brie oder Camembert
2 EL	Mehl
2 dl	Wasser
2	Eier
2	Eidotter
50 g	Butter
	Salz und Pfeffer
400 g	Blätterteig

Zubereitung Den Käse reiben, das Mehl mit dem Wasser verrühren, zwei Eier aufschlagen und alles mit der Butter verkneten. Mit Salz und Pfeffer abschmecken. Den Blätterteig ausrollen, Rondellen von 15 cm Durchmesser ausschneiden und auf ein eingefettetes Kuchenblech legen. Auf jede Rondelle 1 bis 2 EL Käsefüllung geben, den Teig so darüberschlagen, daß ein »Dreispitz« entsteht. Im Backofen bei 200 °C ca. 30 Min. backen.

Käsekuchen aus Bononien
(Platina)

Nimm ein Pfund oder mehr Käse, zerschneid und zerstoß ihn, tu Mangold, Petersilie, Majoran und vier Eier daran und verrühr es gut. Gib auch etwas zerstoßenen Pfeffer, ein klein wenig Safran und viel Schmalz hinzu. Mische es mit der Hand, daß es eine gute Dicke bekommt, tu es alles auf den gemachten Boden zum Herd und laß es backen. So es halbgar ist, nimm ein Ei, zerschlag's, tu Safran dran, schütt's drauf, so wird es hübsch. Wenn die obere Rinde aufgeht, ist es fertig.

Vorbereitung: 20 Min. und 30 Min. zum Ruhenlassen
Backzeit: 35 Min.

Für 4 Personen

Für den Teig

- 200 g Weißmehl
- 100 g Butter
- 1 TL Salz
- 1 dl Wasser
- 1 Eigelb
- 1 Msp Safran

Für die Käsefüllung

- 200 g geriebener Parmesan
- 100 g Mascarpone
- 1 EL Schweineschmalz
- 4 Eier
- 1 EL Mangold
- 1 EL Petersilie
- 1/2 EL Majoran
- Salz und Pfeffer
- 1 Msp Safran

Zubereitung Mehl und Butter verreiben, mit Salz und Wasser zu einem Teig verarbeiten. Im Kühlschrank 30 Min. ruhen lassen. Parmesan und Mascarpone mit dem Schweineschmalz, den Eiern und dem gehackten Mangold, der Petersilie und dem Majoran vermischen und mit Salz, Pfeffer und einer Msp Safran würzen. Den Teig ausrollen und auf ein gebuttertes Kuchenblech legen. Die Käsefülle darauf verteilen und im vorgeheizten Backofen bei 220 °C ca. 20 Min. backen. Das Eigelb mit Safran mischen und den Käsekuchen damit bestreichen. Nochmals 15 Min. backen.

Gemüseomelett
(Pierre de Lune)

Aus Sauerampfer, Champignons und Artischockenböden eine Füllung zubereiten. Ein Dutzend hartgekochter Eidotter mit Kerbel, Petersilie, Salz, Pfeffer und Muskatnuß würzen und in Butter braten. In eine Schüssel geben und ein Dutzend roher Eier hinzufügen. Das schlag durch und gib es in eine Tortenform, die du mit Butter ausgestrichen hast. Back's auf kleiner Flamme. Ist das Omelett fertig, schneid's in Stücke und würz es mit weißem Pfeffer, Pilz und Zitronensaft.

Vorbereitung: 20 Min.
Backzeit: 30 Min.

FÜR 4 PERSONEN

2 EL	Sauerampfer
200 g	Champignons
8	Artischockenböden
12	Eier
1 EL	Kerbel
1 EL	Petersilie
	Salz und Pfeffer
1 Msp	Muskatnuß
1 EL	Butter
1/2 EL	Butter
	weißer Pfeffer
	Pilzpulver
1/2 EL	Zitronensaft

Zubereitung Die Sauerampfer, Champignons und Artischockenböden mit dem Mixer zu einer Farce pürieren. 6 Eier kochen, schälen und die harten Eigelb mit den feingehackten Kräutern sowie Salz, Pfeffer und Muskatnuß mischen. In einer Bratpfanne die Butter erhitzen und die Farce zugeben. Danach erkalten lassen. Die rohen Eier schaumig schlagen und mit den anderen Zutaten vermischen. Eine Kuchenform mit Butter bestreichen und die Eiermasse hineingeben. Im vorgeheizten Backofen bei 160 °C ca. 30 Min. backen. Mit einer Stricknadel prüfen, ob das Omelett gar ist, danach auf einen Teller stürzen und in fingerdicke Scheiben schneiden. Mit weißem Pfeffer, Pilzpulver und Zitronensaft servieren. Ein Renaissance-Leckerbissen für Vegetarier!

Frans Snyders, *Gemüsestilleben*

Überbackener Reis
(Bartolomeo Scappi)

Man kann den Reis auch auf andere Art zubereiten: Wenn er gar ist, ein Gefäß ausbuttern und Streifen von ungesalzenem Käse hineingeben. Mit Zucker, Zimt und Cascio-Käse würzen. Den Reis drübergeben, kleine Mulden machen und diese mit frischem, rohem Eigelb füllen. Käse auf das Eigelb geben und wie zuvor das Gewürz draufstreuen. Dann mit Reis zudecken und so zwei bis drei Schichten bereiten. Auf die letzte etwas Butter geben und den Topf auf heiße Asche oder in den Ofen stellen. Dann heiß servieren.

Vorbereitung: 5 Min.
Kochzeit: 35 Min.

Für 4 Personen

300 g Reis
8 dl Hühnerbrühe
200 g Mozzarella
4 Eigelb
50 g Butter
50 g Parmesan
Zucker, Zimt und Parmesan zum Würzen

Zubereitung Den Reis in der Brühe gar kochen. Den geriebenen Parmesan unter den Reis heben. Zucker und Zimt erst zum fertigen Gericht reichen. Den Reis etwa 4 cm hoch in eine Backform füllen. Mit einem Löffel vier Mulden bilden und in jede ein Eidotter geben. Mozzarellastreifen drüberlegen. Mit einer zweiten Reisschicht bedecken. Butterflocken draufsetzen und bei 180 °C ca. 20 Min. im vorgeheizten Backofen überbacken lassen. In der Backform servieren.

Kohl auf römische Art
(Bartolomeo Scappi)

Die weißen Teile des Mailänder oder Bologneser Kohls herausschneiden und in Fleischbrühe aufkochen. Den Kohl so auspressen, daß der Saft herauskommt. Dann mit dem Küchenmesser weich schlagen. In einen Metall- oder Tontopf mit zwei Henkeln heißen Speck geben. Den Kohl dazumischen und alles langsam anrösten. Ein wenig Brühe dazugeben, aber es darf nicht zu flüssig werden. Wenn's fertig gekocht ist, warm zu Tisch tragen. Vorher aber noch Cascio-Käse und Zimt drüberstreuen. Den Kohl kann man auch mit Fleischkügelchen, die man aus verschiedenem Fleisch macht und dünstet oder am Spieß über dem Feuer brät, servieren.

Vorbereitung: 20 Min.
Kochzeit: 20 Min.

Für 4 Personen

2 mittelgroße Weißkohlköpfe
1 l Fleischbrühe
200 g durchwachsener fetter Speck
Parmesan und Zimt zum Bestreuen

Zubereitung Die äußeren Blätter der Kohlköpfe entfernen, den Rest möglichst kleinschneiden. In die Fleischbrühe geben, aufkochen und noch eine Viertelstunde weich kochen. Portionsweise in ein Küchentuch geben und auspressen, den Saft in einem Gefäß auffangen. In einer Pfanne den Speck auslassen und den ausgepreßten Kohl darin anschwitzen. Dabei immer wieder etwas Brühe hinzugeben und verdampfen lassen. Nach einer weiteren Viertelstunde ist der Kohl fertig. Wichtig ist, nicht zu viel Flüssigkeit zu nehmen, damit der Kohl bißfest bleibt. Vor dem Servieren mit etwas Parmesan und wenig Zimt bestreuen.

Champignontorte
(Pierre de Lune)

Champignons werden in Stücke geschnitten, auf eine feine Teigschicht gelegt, Salz, Pfeffer, Muskat, Gewürz und Butter drangetan, mit Teig bedeckt und mit Milch und geschmolzener Butter bestrichen. Ist die Torte gebacken, läßt man etwas Mehl in Butter braun werden, nimmt Zitronensaft und gibt es an die Torte.

Vorbereitung: 20 Min.
Backzeit: 35 Min.

FÜR 4 PERSONEN

500 g	Blätterteig	1 EL	Petersilie
500 g	Champignons	1/2 EL	Butter
	Salz und Pfeffer	1 EL	Milch
1 Msp	Muskatnuß	1 EL	flüssige Butter

Zubereitung Den Blätterteig ausrollen, in zwei Hälften teilen und mit einer Hälfte ein eingefettetes Kuchenblech belegen. Die Champignons reinigen, in Scheiben schneiden und auf dem Teigboden verteilen. Mit Salz, Pfeffer, Muskatnuß und gehackter Petersilie bestreuen und mit Butterflocken belegen. Mit dem restlichen Teig zudecken. Milch und flüssige Butter mischen und mit einem Pinsel den Teig damit einstreichen. Im vorgeheizten Backofen bei 200 °C ca. 35 Min. backen. Als Sauce hielten wir eine Zitronen-Mehl-Mischung nicht so sehr geeignet, und wir ließen sie daher weg.

Haferflocken aus der Bretagne
(La Varenne)

In einer Kasserolle läßt man ein Drittel Liter gute Milch aufkochen, nimmt sie vom Feuer und gibt zwei Hände Haferflocken hinein. Wenn die Masse kalt ist, preßt man sie durch ein Tuch. Dann nimmt man die durchgeseihte Milch und gießt sie in einen Topf, gibt tüchtig Zucker hinzu, läßt sie kochen und rührt sie so lange, bis sie dick wie ein Brei ist. Ist das getan, nimmt man die Masse vom Feuer und serviert die Haferflocken heiß mit Zucker.

Vorbereitung: 5 Min.
Kochzeit: 20 Min.

Für 4 Personen

1/2 l	Milch	50 g	Zucker
200 g	Haferflocken	1 EL	Zucker

Zubereitung Die Milch aufkochen, vom Herd nehmen und die Haferflocken hineinquirlen. Erkalten lassen, die Masse durch ein Sieb oder Tuch drücken, Zucker hinzufügen, in die Milch geben und unter stetigem Rühren kochen, bis ein Brei entsteht. Vor dem Servieren mit Zucker bestreuen.

Brotauflauf
(Philippine Welser)

Nimm ein gutes Weizenbrot und laß es durch ein feines Sieb. Tu sechs Eier und soviel Milchrahm, wie du Eigelb hast, daran, Gewürz, Weinbeeren und Zucker und rühr alles durcheinander. Dann tu Schmalz in die Pfanne, laß es heiß werden. Dann nimm eine Form, benetz sie mit dem heißen Schmalz, gib die Füllung darein, deck's mit einem Topfdeckel zu und laß es backen.

Vorbereitung: 15 Min.
Backzeit: 25 Min.

Für 4 Personen

300 g	Brotreste	1 Msp	Pfeffer
6	Eier	2 EL	Zucker
2 dl	Halbrahm	1 EL	Rosinen
1/2 TL	Salz	1/2 EL	Butter

Zubereitung Das Brot kleinschneiden. Mit den Eiern, dem Rahm, Salz und Pfeffer, dem Zucker und den Rosinen vermischen. Eine Auflaufform mit Butter bestreichen, die Mischung hineingeben, mit einem Deckel zudecken und im vorgeheizten Backofen auf 200 °C 25 Min. backen.
Dieser Brotauflauf unterscheidet sich kaum von heutigen Rezepten. Mit Apfelmus schmeckt er besonders gut und gibt eine einfache Mahlzeit.

Arme Ritter
(Frantz de Rontzier)

Man schneidet Weißbrot in Scheiben, legt sie in Ei, das man mit Muskatblumen durchgeschlagen hat, und backt sie in Butter aus. Das Weißbrot kann man vorher auch gut in Milch einweichen.

Vorbereitung: 10 Min.
Kochzeit: 5 Min.

Für 4 Personen

1	altbackenes Weißbrot	1 Msp	Muskatblüten
2 dl	Milch	1/2 TL	Salz
4	Eier	1 EL	Butter

Zubereitung Das Brot in Scheiben schneiden und durch die kalte Milch ziehen. Die Eier mit den zerstoßenen Muskatblüten und dem Salz verquirlen. Die Brotscheiben darin wenden und in der Butter goldgelb backen.
Mit Zucker bestreut schmeckten uns die »armen Ritter« ausgezeichnet.

Beilagen, Gemüse und Mus

Eiernudeln

Getreide

Risotto

Reistaler

Grüne Bohnen mit Petersilie oder Muskatnuß

Käseschnitten

Gebratene oder überzogene Möhren

Kräutersauce

Maronenkompott

Blumenkohlsalat

Winterkressesalat

Bohnenmus

Erbsenmus

Feigenmus

Pflaumenmus

Apfelmus

Quittenmus mit Rosinen oder Koriander

Weichselmus

Eiernudeln
(Bartolomeo Scappi)

Willst du schöne Nudeln machen, dann knete 2 Pfund feines Weißmehl, 6 Eier und etwas lauwarmes Wasser eine Viertelstunde gut auf einem Tisch, roll ihn dann dünn aus, laß den Teig eine Zeitlang trocknen und schneide die ungeraden Kanten ab. Wenn der Teig trocken ist, aber nicht so trocken, daß er bricht, gib ein wenig Mehl darüber, so daß er nicht klebt, und wickle ihn leicht um den Teigroller. Dann schneide den abgerollten Teig mit einem scharfen Messer. Laß die Nudeln trocknen, dann koche sie in fetter Brühe oder in Milch und Butter. Serviere sie, wenn sie gar sind, heiß mit Käse, Zucker und Zimt.

Vorbereitung: 20 Min. plus 60 Min. zum Ruhenlassen und 30 Min. zum Trocknen
Kochzeit: 5 Min.

Für 4 Personen

600 g	Weißmehl		*Für den Teig*
6	Eier	20 g	Butter
1/2 TL	Salz	50 g	Parmesan
3 EL	Wasser	4 EL	Zucker
3 l	Brühe	1 TL	Zimt

Zubereitung Mit dem Mehl einen Ring formen, die Eier aufschlagen und in die Mitte geben. Langsam zu einem Teig verkneten. Das Salz im lauwarmen Wasser auflösen und tröpfchenweise hinzugeben. Den Teig ca. 60 Min. zugedeckt ruhen lassen.

Den Teig mit einer Nudelmaschine ausrollen und zu Nudeln schneiden. Steht keine Nudelmaschine zur Verfügung, den Teig auf einer bemehlten Fläche dünn ausrollen, etwas trocknen lassen und mit Mehl bestäuben. In der gewünschten Breite Nudeln schneiden. Das überschüssige Mehl von den Nudeln fein abklopfen und auf einer gespannten Schnur ca. 30 Min. zum Trocknen aufhängen. Viel Brühe aufkochen und die Nudeln darin ca. 5 Min. *al dente* kochen. Abgießen, mit Butterflocken belegen und heiß servieren. Dazu geriebenen Parmesan und die Zucker-Zimt-Mischung reichen.

Getreide
(Platina)

Man feuchtet Weizen mit Wasser an oder weicht ihn ein, zerstoßt ihn auch, um die Hülsen abzutrennen, und wäscht ihn zwei- bis dreimal, indem man ihn im warmen Wasser gut reibt. Nachdem er getrocknet und gut gemahlen ist, wird er lange in Milch gekocht. Zuletzt schlägt man noch Eier hinein.
Manche lassen den Weizen einen ganzen Tag im Wasser kochen und gießen immer heißes Wasser hinzu, wenn es nötig ist. Wenn sich die Körner leicht zwischen den Fingern zerdrücken lassen, ist der Weizen weich. Dann wird er gesalzen und mit Milch oder, wie es in einigen Gegenden üblich ist, mit Rahm zubereitet. Er wird nach dem Kochen auch mit Brühe oder Mandelmilch angerichtet. Anstatt Milch kann man auch Olivenöl mit Butter und saurem Saft nehmen, so wie man auch Gerstengraupe, geschabtes Brot und andere solche flüssigen Speisen bereitet. Fett eignet sich nicht sehr für den Brei, da er schon zäh und dickflüssig ist. Man nimmt besser Gewürze wie Zwiebeln, Knoblauch, Lauch oder Zucker mit aromatischen Pulvern und Eigelb und fügt es nach dem Kochen hinzu.

Vorbereitung: 10 Min. und 12 Std. zum Einweichen
Kochzeit: 90 Min.

Für 4 Personen

200 g Weizen
2 dl Milch
2 Würfel Gemüsebrühe
1 Zwiebel
1 Knoblauchzehe
1 Lauch
1/2 EL Butter
1/2 TL Zucker
Salz und Pfeffer
1 dl Rahm
2 Eier

Zubereitung Den Weizen im warmen Wasser 12 Std. einweichen. Abgießen und in frischem Wasser ca. 60 Min. kochen. Immer wieder umrühren und Wasser nachgießen. Die Milch und die Würfel Gemüsebrühe zugeben und nochmals 30 Min. kochen. Die Eier kochen und schälen. Die Zwiebel und den Knoblauch hacken und den Lauch in feine Ringe schneiden. In Butter andünsten, mit Zucker, Rahm und dem gehackten Eigelb verfeinern und unter den Getreidebrei ziehen. Mit Salz und Pfeffer abschmecken.
Auf diese Weise lassen sich auch andere Getreidearten wie Dinkel, Hafer, Roggen, Buchweizen usw. zubereiten. Für uns war dieses Gericht eine Entdeckung, es schmeckt kräftig, unvergleichlich und macht in unserer Küche

dem Reis Konkurrenz. Mit dem Getreidegericht sind wir bei einem der wichtigsten Bestandteile der mittelalterlichen und der Renaissance-Küche angelangt. Allerorts waren Getreidebreis aller Art anzutreffen. Die Reichen nahmen dazu Weizen, den sie auch »Herren-Getreide« nannten, der Mittelstand und »kleine Leute« verwendeten hingegen Roggen, Dinkel oder Hafer.
Da Getreide ein guter »Magenfüller« ist, verstanden ihn die Menschen variationsreich und phantasievoll zuzubereiten.

Risotto

Vorbereitung: 3 Min.
Kochzeit: 15–20 Min.

Für 4 Personen

1	Zwiebel
3 EL	Butter
300 g	Reis
8 dl	Gemüsebrühe
	Salz und Pfeffer
30 g	Parmesan

Zubereitung Die Zwiebel fein hacken und in der Butter glasig anbraten, bis sie hellgelb ist. Dann den Reis zugeben, ständig rühren, glasig werden lassen. Mit etwa der Hälfte der Gemüsebrühe ablöschen und, wenn nötig, während des Weiterkochens immer wieder Brühe zugießen. Den Reis auf diese Weise bißfest gar kochen. Mit Salz und Pfeffer abschmecken, vom Herd nehmen, Käse druntermischen und noch ein paar Minuten zugedeckt ziehen lassen.

Reistaler
(Platina)

Nimm wohlgekochten Reis, laß ihn trocken werden. Wenn du willst, so magst du ihn stoßen. Tu dazu gestoßene Mandeln, bis es genug ist, misch den Reis mit Rosenwasser und der Brühe, darin der Reis gesotten hat, mische Zucker und Mehl daran und back's in Öl.

Vorbereitung: 10 Min.
Kochzeit: 15 Min.

Für 4 Personen

- 4 Tassen Risotto
- 50 g gemahlene Mandeln
- 1 EL Rosenwasser
- 1 dl Gemüsebrühe
- 1 TL Zucker
- 2 EL Mehl
- 2 EL Sonnenblumenöl

Zubereitung Das Risotto mit den gemahlenen Mandeln, Rosenwasser, Gemüsebrühe, Zucker und Mehl mischen. Zu kleinen Fladen formen und in heißem Sonnenblumenöl braten.

Grüne Bohnen mit Petersilie
(Frantz de Rontzier)

Bohnen bricht man aus den Schoten und aus der Haut und siedet sie. Man macht sie danach mit Butter, Pfeffer und grüner Petersilie an und läßt sie durchbraten.

Vorbereitung: 30 Min.
Kochzeit: 35 Min.

Für 4 Personen

600 g	dicke Bohnen, z. B. Saubohnen	1 EL	Butter
1/2 l	Gemüsebrühe	1 Msp	Pfeffer
		1/2 EL	Petersilie

Zubereitung Die Bohnen aus den Schoten pellen und in der Gemüsebrühe 30 Min. gar ziehen lassen. Die Butter erhitzen und die abgetropften Bohnen darin anbraten. Mit Pfeffer und gehackter Petersilie bestreuen.

Grüne Bohnen mit Muskatnuß
(Frantz de Rontzier)

Man bricht die Bohnen aus den Schoten und aus der Haut. Dann siedet man sie, brät sie in Butter an, mischt Muskat und Zucker darunter und bestreut sie mit Zucker.

Vorbereitung: 30 Min.
Kochzeit: 35 Min.

Für 4 Personen

600 g	dicke Bohnen, z. B. Saubohnen	1 EL	Butter
1/2 l	Gemüsebrühe	1 Msp	Muskatnuß
		1/2 TL	Zucker

Zubereitung Die Bohnen aus den Schoten pellen und in der Gemüsebrühe 30 Min. gar ziehen lassen. Die Butter erhitzen und die abgetropften Bohnen dann anbraten. Gemahlene Muskatnuß und Zucker untermischen.

Es war nicht ganz einfach, frische Saubohnen oder Puffbohnen zu bekommen. Deshalb experimentierten wir mit getrockneten Bohnen. Wir bereiteten sie nach der Packungsanweisung zu und brieten sie dann in der Butter an.

Beide Rezepte von Frantz de Rontzier schmecken auch mit frischen Erbsen ausgezeichnet. Die Kochzeit verkürzt sich dann auf ca. 20 Min. Tiefgefrorene Erbsen würzten wir mit Salz und brieten sie ca. 10 Min. in der Bratpfanne.

Käseschnitten
(La Varenne)

Käse wird mit Butter zerlassen und mit einer zerriebenen Zwiebel, Salz und scharfem Pfeffer vermischt. Das streicht man auf Brotscheiben und gibt sie auf die heiße Feuerschaufel, so daß sie leicht backen. Das Käsebrot wird warm aufgetragen.

Vorbereitung: 10 Min.
Kochzeit: 10 Min.

FÜR 4 PERSONEN

- 300 g geriebener Käse, Parmesan oder Allgäuer
- 1 Zwiebel
- 1/2 EL Butter
- Salz und Pfeffer
- 8 Weißbrotscheiben

Zubereitung Die Zwiebel sehr fein hacken und in heißer Butter dämpfen. Mit dem geriebenen Käse mischen und vorsichtig mit Salz und Pfeffer würzen. Auf den Brotscheiben verteilen und im Backofen überbacken. – Die Methode, den Käse mittels eines heißen Geschirrs aus dem Ofen zum Schmelzen zu bringen, erschien uns zwar historisch interessant, aber nicht notwendig.
Ganz exquisit schmecken die Käseschnitten, wenn die Brotscheiben vor dem Backen kurz in Milch oder herben Weißwein getaucht werden.

Gebratene Möhren
(Platina)

Siede gelbe Rüben, vorher fein abgeschabt und die Seele herausgetan. Leg sie in Mehl, dann back's in Öl oder Butter.

Vorbereitung: 10 Min.
Kochzeit: 15 Min.

FÜR 4 PERSONEN

1 kg Möhren	1/2 l Gemüsebrühe
1 Zwiebel	1 EL Mehl
1 Knoblauchzehe	1 EL Butter
1/2 EL Butter	Pfeffer

Zubereitung Die Möhren schälen und der Länge nach in Stücke schneiden. Mit der »Seele« ist wohl das gelbe Möhrenstück an der Wurzel gemeint, das weggeschnitten wird. Die Zwiebel und die Knoblauchzehe hacken. In der Butter andämpfen, die Möhren zugeben, die Gemüsebrühe zugießen und knappe 10 Min. gar kochen. Abgießen, mit Mehl bestäuben und in heißer Butter kräftig anbraten. Mit Pfeffer abschmecken.

Überzogene Möhren
(Platina)

Wenn man eine Rübe mit Käse überzieht, geradeso, wie man einem Mann den Harnisch anlegt, so heißt man das eine »überzogene Rübe«. So weit ist die Schleckerei gekommen, daß man alles zur Wollust erfunden und erdichtet hat. Was ist's aber nütze, für wen ist's gut, für was hilft's?
Nimm also eine wohlgekochte Rübe, zerschneide sie fein in Würfel und mach dasselbe auch mit Käse, es muß ein frischer und fetter sein, aber schneid ihn noch kleiner. Lege in eine Schüssel erst den feisten Käse, dann die Rüben darauf und so weiter, bespreng es stets mit Gewürz und Butter.
Diese Speis' wird bald verdauet und man soll's warm essen.

Vorbereitung: 15 Min.
Kochzeit: 20 Min.

Für 4 Personen

- 500 g Möhren
- 1/2 l Gemüsebrühe
- 150 g Parmesan oder einen anderen Hartkäse
- 1 EL Butter
- 1 Msp Pfeffer
- 1 EL Petersilie

Zubereitung Die Möhren schälen und in Würfel schneiden. In Gemüsebrühe je nach Sorte ca. 10 Min. knapp gar kochen. Die Möhren abgießen und die Hälfte davon in eine Gratinschüssel geben. Mit geriebenem Käse bestreuen, die restlichen Möhren drübergeben und nochmals mit Käse bestreuen. Zuletzt kommen Butterflocken, Pfeffer und gehackte Petersilie darüber. Das Gratin im Backofen bei 200 °C ca. 10 Min. überbacken.

Vincenzo Campi, *Obst und Gemüse*

Kräutersauce
(Platina)

Petersilie, Thymian und andere duftende Kräuter werden mit etwas Ingwer, Zimt und Salz gestoßen und dann in starkem Essig aufgelöst und, durch ein Sieb gestrichen, in einen Topf getan. Knoblauch kann man mehr oder weniger, je nach Geschmack, hinzugeben.

Vorbereitung: 10 Min. und 30 Min. marinieren

FÜR 4 PERSONEN

1 EL	Petersilie
1/2 EL	Thymian
1 EL	Basilikum
1 EL	Dill
1/2 EL	Estragon
1 EL	Schnittlauch
1 TL	Ingwer
1 Msp	Zimt
1 TL	Salz
1/2 dl	Weinessig, am besten Aceto Balsamico di Modena
2 EL	Olivenöl
2	Knoblauchzehen

Zubereitung Die Kräuter fein hacken, mit zerriebenem Ingwer, Zimt und Salz mischen und ca. 30 Min. in Essig marinieren. Durch ein Sieb passieren, Olivenöl druntermischen und mit den durchgedrückten Knoblauchzehen abschmecken.

Diese kalte Sauce erinnert an eine Vinaigrette und schmeckt sehr gut zu kaltem Braten. Mit etwas weniger Essig zubereitet, paßt sie auch hervorragend zu Ravioli.

Maronenkompott
(La Varenne)

Die schönsten Maronen, die man finden kann, werden in Asche gesotten. Sind sie gar, werden sie abgeschält und ausgebreitet. Sie werden sodann sehr sauber in eine Schüssel gelegt, genau so viel, daß man einen Teller damit bedecken kann. Darüber gießt man Aprikosensaft oder Pflaumensaft oder sonst einen Obstsaft, man kann auch Apfelmus nehmen, das man mit etwas Zucker aufkochen läßt, so daß es schaumig wird. Danach kocht man die Maronen auf kleinem Feuer. Ab und zu gießt man noch Fruchtsaft hinzu. Sind sie gut eingedickt, stürzt man sie, wie man einen Käse stürzt, und begießt sie dann mit etwas Fruchtsaft.

Vorbereitung: 10 Min.
Kochzeit: 40 Min.

Für 4 Personen
400 g Maronen
300 g Aprikosenkompott

Zubereitung Die Maronen kann man fertig gebraten am Maronenstand kaufen. Dann werden sie geschält und dicht aneinander in eine Bratpfanne gelegt. 8 Aprikosenhälften beiseite legen, das restliche Aprikosenkompott mit dem Mixer pürieren, so daß ein dickflüssiger Saft entsteht. Mit drei Vierteln des Saftes die Maronen übergießen und bei kleiner Flamme ca. 40 Min. ziehen lassen. Hie und da Aprikosensaft zugießen. Einen flachen Teller auf den Maronentopf legen und das Kompott stürzen. Mit den Aprikosenhälften garnieren und mit dem restlichen Aprikosensaft übergießen.
Statt Aprikosen können sehr gut auch andere Früchte verwendet werden.

Blumenkohlsalat
(Frantz de Rontzier)

Man siedet Blumenkohl in ein wenig Wasser, ziehet ihn dann wieder heraus, läßt ihn kalt werden und gibt frische Butter daran. Dann setzt man ihn auf die Kohle, daß die Butter schmelze, und bestreuet ihn auch wohl mit Salz und Pfeffer. Man kann ihn auch gut mit Baumöl und Weinessig anmachen.

Vorbereitung: 5 Min.
Kochzeit: 15 Min. und 1 Std. zum Ziehenlassen

Für 4 Personen

1	Blumenkohl	6 EL	Olivenöl
1/2 l	Gemüsebrühe	5 EL	Weißweinessig
1 EL	Butter		Salz und Pfeffer

Zubereitung Den Blumenkohl in einzelne Röschen zerpflücken und 10 Min. in der Gemüsebrühe halb weich kochen. Abgießen, Butterflocken draufsetzen und in den Backofen schieben, bis die Butter geschmolzen ist. Aus Olivenöl, Weinessig, Salz und Pfeffer eine Salatsauce zubereiten und über den Blumenkohl gießen. 1 Std. ziehen lassen, dann servieren.

Winterkressesalat
(Frantz de Rontzier)

Man wäscht Winterkresse, legt sie danach eine halbe Stunde lang in reines Wasser, schneidet zwei oder drei Zwiebeln in Scheiben, legt sie auch in ein Wasser, legt darnach alles in ein Silber und macht die Kresse mit Baumöl, Weinessig und Salz an.

Vorbereitung: 35 Min.

FÜR 4 PERSONEN

300 g Winterkresse
2 Zwiebeln

Für die Salatsauce

3 EL Olivenöl
3 EL Weißweinessig
Salz

Zubereitung Gegebenenfalls die Wurzeln von der Winterkresse schneiden, waschen und 30 Min. in kaltes Wasser legen. Die Zwiebeln in Ringe schneiden und getrennt ebenfalls 30 Min. in Wasser geben. Aus Olivenöl, Weinessig und Salz eine Salatsauce zubereiten und mit der gut abgetropften Kresse und den Zwiebeln mischen.

Bohnenmus
(Platina)

Laß zermahlene, wohl gewaschene Bohnen sieden, drück das Wasser aus und tu frisches Wasser dran. Gib so viel Salz wie nötig dazu und stell's so auf das Feuer, daß Flammen oder Rauch nicht hineinschlagen. Deck es zu, bis es siedet und zu Mus wird. Tu's vom Feuer und zerstoß oder zerreib es noch, dann laß es wieder warm werden. Wenn du es anrichten willst, mach noch folgendes: Nimm eine Zwiebel, schneid sie klein, röste sie in heißem Öl, tu gewürfelte Feigen oder Äpfel dazu und schütte dies über das Bohnenmus. Etliche tun noch Gewürze daran.

Vorbereitung: 10 Min. und 12 Std. einweichen
Kochzeit: 90 Min.

Für 4 Personen

300 g getrocknete Bohnen
1 l Wasser
1 TL Salz
2 Zwiebeln
2 frische Feigen

Zubereitung Die Bohnen über Nacht einweichen. Danach in frischem Wasser 90 Min. zugedeckt kochen. Abgießen, salzen und zu einem Mus zerdrücken. Die Zwiebeln in feine Ringe schneiden und in Butter dünsten. Die gewürfelten Feigen zugeben und über das Bohnenmus geben.

Erbsenmus
(Sabina Welser)

Ein Erbsengericht machen: Koche Erbsen, so daß sie zu Mus werden, tu sie in einen Durchschlag und passiere sie durch wie Mandelmilch. Passiere Safran, Ingwer und Zimt mit durch. Streu Zucker drauf und setze es kalt vor.

Vorbereitung: 5 Min.
Kochzeit: 15 Min.

Für 4 Personen

600 g	frische Erbsen	1/2 TL	Ingwer
3 dl	Gemüsebrühe	1/2 TL	Zimt
1 Msp	Safran	1 EL	Zucker

Zubereitung Die Erbsen in der Gemüsebrühe 15 Min. kochen. Abgießen, mit Safran, Ingwer und Zimt würzen und pürieren. Erkalten lassen und vor dem Servieren mit Zucker bestreuen.

Feigenmus
(Sabina Welser)

Tu Wein in ein kleines Häfelein, und wenn er zu sieden beginnt, so tu geriebenen Lebkuchen und geriebene Semmel daran. Tu auch Safran, Mandeln, Weinbeeren, Feigen und etwas Schmalz hinein.

Vorbereitung: 10 Min.
Kochzeit: 15 Min.

Für 4 Personen

20 g	Lebkuchen
400 g	getrocknete Feigen
1 dl	süßer Wein, am besten Marsala
1 EL	Paniermehl
1 Msp	Safran
50 g	geriebene Mandeln
2 EL	Rosinen
1 EL	Schmalz oder Butter

Zubereitung Den Lebkuchen im Mörser zerstoßen und die Feigen in kleine Stücke schneiden. Den Marsala aufkochen, alle Zutaten zugeben und unter stetigem Rühren 15 Min. köcheln. Vor dem Servieren erkalten lassen.

Jan Davidsz de Heem, *Stilleben mit Blumen und Früchten*

Pflaumenmus
(Platina)

Für ein Pflaumenbrühlein nimm Pflaumen, weiche sie in schwarzem Wein ein, tu die Kerne weg, stoße die Pflaumen mit Mandel, die nicht ausgezogen sind, und mit Brosamen, tu's nochmals in den Wein, zerreib's mit Essig, gieß noch schwarzen Wein hinein oder tu Zucker dran, seihe es durch, tu gute Gewürze dazu, besonders Zimt.

Vorbereitung: 15 Min. und 12 Std. zum Einweichen

FÜR 4 PERSONEN

500 g	Dörrpflaumen (wenn möglich entsteint)
$1^1/_2$ dl	süßer Wein, am besten Marsala
20 g	gemahlene Mandeln
1 EL	Paniermehl
2 EL	trockener Wermut, z. B. Noilly Prat
1 Msp	Zimt

Zubereitung Die Pflaumen über Nacht im Marsala einlegen, wenn nötig entsteinen und zusammen mit den gemahlenen Mandeln, dem Paniermehl und dem trockenen Wermut zu einem Brei mixen. Eventuell noch etwas mit Marsala verdünnen. Mit Zimt abschmecken.

Dieses Pflaumenmus schmeckt süß-sauer und paßt ausgezeichnet zu Wild. Es ist eine echte Alternative zu den sonst üblichen Preiselbeeren. Je nach Wunsch kann es kompakt oder mit etwas warmem Wasser verdünnt serviert werden.

Apfelmus
(Philippine Welser)

Nimm die Äpfel, schäl sie und tu einen Wein daran, wenn du sie zusetzt. Wenn du sie genug gedämpft hast, so drück sie durch einen Durchschlag. Schlag drei oder vier Eier darein und tu Zucker, Ingwer und Safran dazu. Hernach tu's in einen Hafen, laß es wieder gut sieden und rühr oft um.

Vorbereitung: 10 Min.
Kochzeit: 15 Min.

FÜR 4 PERSONEN

1 kg	Äpfel	2–3 EL	Zucker
1/2 dl	Weißwein	1 Msp	Ingwer
1	Ei	1 Msp	Safran

Zubereitung Die Äpfel schälen, entkernen, in Scheiben schneiden und 10 Min. im Wein kochen. Danach passieren oder mit dem Mixer pürieren. Das Ei, den Zucker, Ingwer und Safran dabei zugeben. In der Pfanne nochmals erwärmen. Das Apfelmus schmeckt ausgezeichnet und bekommt durch den Safran eine schöne gelbe Farbe. Je nach Geschmack und Apfelsorte kann die Zuckermenge variiert werden.

Quittenmus mit Rosinen
(Frantz de Rontzier)

Man siedet die Quitten mit Butter in Wasser und Wein, nimmt sie danach aus der Brühe und reibt sie auf einem Reibstein. Man macht sie mit Zucker und kleinen Rosinen an.

Vorbereitung: 20 Min.
Kochzeit: 20 Min.

Für 4 Personen

1 kg	Quitten	1 TL	Butter
3 dl	Wasser	100 g	Zucker
1/2 dl	süßer Weißwein, z. B. Vino Santo	1–2 EL	Rosinen

Zubereitung Die Quitten nicht waschen, sondern mit einem Tuch abreiben, ungeschält in Viertel schneiden und das Kernhaus entfernen. Die Früchte in feine Scheiben schneiden und mit Wasser, Wein und Butter in einem zugedeckten Topf langsam weich kochen. Öfter umrühren, so daß sie nicht anbrennen. Passieren und Zucker sowie Rosinen in das Mus mischen. Warm oder kalt servieren.

Quittenmus mit Koriander (Frantz de Rontzier)

Man siedet Quitten auch in Wein, bricht sie danach klein, streicht sie mit Eiern durch ein Harntuch und macht sie ab mit Zimt, Zucker und Koriander.

Vorbereitung: 20 Min.
Kochzeit: 25 Min.

Für 4 Personen

1 kg	Quitten		
3 dl	süßer Weißwein	100 g	Zucker
2	Eier	1 Msp	Koriander
1/2 TL	Zimt		

Zubereitung Die Quitten wie oben vorbereiten. Im Wein langsam weich kochen, dabei öfter umrühren, damit sie nicht anbrennen. Durch ein Gazetuch drücken oder mit dem Mixer pürieren. Eier, Zimt, Zucker und Koriander untermischen und das Mus nochmals erwärmen, aber nicht kochen. Warm servieren.

Weichselmus
(Sabina Welser)

Treib die Weichseln durch, so als ob du Sirup sieden wolltest, nimm eine geriebene Semmel, röste sie in Schmalz, nimm das Durchgetriebene, schütt es daran, laß es kochen und mach's mit Zucker süß.

Vorbereitung: 15 Min.
Kochzeit: 15 Min.

Für 4 Personen

500 g Weichseln oder Kirschen	4 EL Paniermehl
25 g Zucker	1 EL Schmalz oder Butter

Zubereitung Die Weichseln entsteinen und mit dem Zucker 5 Min. kochen. Das Paniermehl in Schmalz oder Butter rösten. Die Weichseln durch ein feines Sieb passieren oder mit dem Mixer pürieren, das Paniermehl zugeben und alles nochmals 10 Min. kochen. Warm oder kalt servieren.

Dessert

Rosenwasser
Mandeltorte
Marzipan
Dattelrolle
Sahnetorte
Englische Torte
Eierschnee
Eiertorte
Zimttorte
Kirschkuchen
Erdbeertorte
Pfirsichtorte
Melonen im Teigmantel
Apfeltorte
Birnentorte
Weinbeertorte
Weinbeeren auf Zwieback
Süße Käsetorte
Kürbistorte
Nürnberger Gebäck
Hirschhorn
Eingemachter grüner Ingwer
Apfelpolster
Götterwein
Limonade
Weinbeersaft

Rosenwasser

$^1/_2$ l Wasser
500 g Gelierzucker
$^1/_2$ EL ungespritzte Rosenblütenblätter
1 ungespritzte Zitrone

Zubereitung Als Vorbild dienten uns alte und moderne Rezepte, vor allem die Zubereitungsart des Schweizer Kräuter- und Naturkochs Oskar Marti: Wasser und Zucker aufkochen und wieder erkalten lassen. Die klein zerpflückten Rosenblütenblätter (am besten nimmt man sie aus dem eigenen Garten), die in Scheiben geschnittene Zitrone und die Zuckerlösung in ein offenes Gefäß geben und im Kühlschrank eine Woche ziehen lassen. Absieben, kühl aufbewahren oder portionsweise einfrieren.
Inzwischen ist Rosenwasser auch in Feinkostgeschäften erhältlich, aber natürlich macht es größeren Spaß, es selbst herzustellen.

Mandeltorte
(Philippine Welser)

Willst du eine Mandeltorte machen, so nimm zuerst ein Pfund Mandeln und reib's. Gieß Rosenwasser darein und tu's in eine Schüssel. Nimm das Weiß von fünf Eiern, Rahm und wieder Rosenwasser und tu's in den gestoßenen Mandelbrei. Schau, daß er nicht zu dünn oder zu dick wird, dann tu ihn auf ein Bödelein und laß es fein in der Form backen. Wenn's erstarrt ist, so nimm das Gelbe von einem Ei und Rosenwasser, vermisch es gut und bestreich die Torte oben und an den Seitenrändern und laß sie fein fertig backen.

Vorbereitung: 15 Min.
Backzeit: 35 Min.

FÜR 4 PERSONEN

Für den Mürbeteig

- 60 g Puderzucker
- 150 g Butter
- 250 g Mehl
- 2 Eidotter
- 1/2 TL ungespritzte Zitronenschale
- 1 Eigelb und
- 1 TL Rosenwasser zum Bestreichen

Für die Mandelmasse

- 500 g gemahlene Mandeln
- 120 g Puderzucker
- 5 Eiweiß
- 2 dl Rahm
- 2 TL Rosenwasser

Zubereitung Puderzucker, weiche Butter, Mehl, Eigelb und die abgeriebene Zitronenschale zu einem Mürbeteig kneten. Den Teig dünn ausrollen und, da er leicht zerfällt, sehr vorsichtig in eine gebutterte und mit Mehl bestäubte gläserne Tortenform von ca. 25 cm Durchmesser legen. Den Boden mit einer Gabel mehrmals durchstechen. Die gemahlenen Mandeln, den Puderzucker, die Eiweiß, den Rahm und das Rosenwasser gut mischen und auf dem Tortenboden verteilen. Den Backofen auf ca. 180 °C vorheizen und die Torte 30 Min. backen. Eigelb und Rosenwasser verquirlen, die Torte damit bestreichen und nochmals 5 Min. backen.

Robert Furber, *Der Katalog der Früchte*, 1732. Stich von G. Van der Gucht nach Pieter Cassteels

Marzipan
(Sabina Welser)

Zuerst nehmt ein halbes Pfund Mandeln und weicht sie über Nacht in kaltem Brunnenwasser ein. Am Morgen zieht sie ab. Danach zerstoßt sie, bis sie ölig werden, gießt etwas Rosenwasser dran und zerstoßt sie weiter. Werden sie wieder ölig, gebt nochmals Rosenwasser hinzu. Das tut so lange, bis die Mandeln nicht mehr ölig werden. Und zerstoßt sie so klein wie möglich! Danach nehmt ein halbes Pfund Zucker, zerstoßt ihn nicht gänzlich mit, laßt ein klein wenig übrig. Danach, wenn Mandeln und Zucker zerstoßen sind, tut es in eine Schüssel, nehmt Oblaten und macht sie schön breit wie den Boden, schön rund. Danach befeuchtet die Finger mit Rosenwasser und streicht die Mandelmasse mit ihnen auf die Oblaten. Ist die Masse ganz gleichmäßig aufgestrichen, nehmt den Zucker, den ihr übriggelassen habt, und streut ihn durch ein kleines Sieb ganz gleichmäßig auf das Marzipan. Und nehmt ein Bürstelein, tunkt's in Rosenwasser und besprengt das Marzipan überall, damit der Zucker sich auflöst. Sodann laßt es backen und seht oft danach, damit es nicht anbrennt. Es soll ganz weiß sein, wenn es fertig ist.

Vorbereitung: 45 Min. und 12 Std. einweichen
Backzeit: 20 Min.

Für 4 Personen

200 g geschälte Mandeln
1 dl Rosenwasser
160 g Zucker
6–10 Oblaten (je nach Größe) aus dem Reformhaus
40 g Puderzucker

Zubereitung Die geschälten Mandeln 12 Std. in Wasser einweichen, abtropfen und im Mörser zerstoßen, bis sie ölig werden. Immer wieder etwas Rosenwasser zugeben, bis die Mandeln ganz fein zerrieben und nicht mehr ölig sind. Danach den Zucker zufügen und gut mit der Mandelmasse vermengen. Den Boden einer Springform mit Oblaten bedecken und die Mandelmasse darauf verteilen. Einen Finger mit Rosenwasser befeuchten und die Mandelmasse glattstreichen. Mit Puderzucker bestreuen, mit Rosenwasser besprengen und im Backofen bei 160 °C ca. 20 Min. backen.
Das schmeckt natürlich herrlich, und wegen der Freude, einmal selbst Marzipan hergestellt zu haben, um so mehr.

Dattelrolle
(Bartolomeo Scappi)

Schneide mit einem Rädchen den Rand ab, der immer dicker als der übrige Teig ist. Bestreue den Teig mit 4 Unzen Zucker und 1 Unze Zimt. Dann nimm 1 Pfund in Wein gekochte Rosinen und 1 Pfund in Wein gekochte und fein gehackte Datteln und auch 1 Pfund in Wein gekochte Korinthen. Mische sie mit Zucker, Zimt, Nelken und Muskat und verteile die Masse auf dem Teig. Leg Butterstückchen darüber und rolle den Teig der Länge nach auf. Gib obacht, daß er nicht reißt. Dieser Tortiglione soll nicht mehr als dreifach gerollt sein, sonst läßt er sich schlecht backen. Er wird mit zerlassener, nicht zu heißer Butter bestrichen. Dann backe man das Ganze im Ofen bei mittlerer Hitze. Danach bestreue man ihn mit Zucker und besprenge ihn mit Rosenwasser und serviere ihn noch warm.

Vorbereitung: 20 Min. plus 60 Min. gehen lassen und 30 Min. einlegen
Backzeit: 45 Min.

FÜR 4 PERSONEN

Für den Hefeteig

20 g	frische Hefe
1 dl	Wasser
50 g	Butter
3	Eigelb
1 EL	Rosenwasser
1/4 TL	Salz
400 g	Weißmehl

Für die Füllung

50 g	Rosinen
50 g	Sultaninen
200 g	Datteln
2 dl	Marsala
2 EL	Zucker
1/2 TL	Zimt
1 Msp	Nelkenpulver
1 Msp	Muskatnuß
1 EL	Butter
4 EL	Zucker
1 TL	Zimt
2 EL	Butter
1 EL	Rosenwasser
3 EL	Puderzucker

Zubereitung Einen Hefeteig zubereiten (s. S. 53). Die Rosinen, Sultaninen und die gehackten Datteln in Marsala 30 Min. einlegen und danach ca. 10 Min. köcheln. Zucker, Zimt, Nelkenpulver und Muskatnuß untermischen.
Ca. zwei Drittel des Teigs dünn ausrollen und zu einem Rechteck schneiden, mit flüssiger Butter bestreichen und mit Zucker und Zimt bestreuen. Die Fruchtmasse darauf verteilen und die Butterflocken darübergeben. Den Teig ausrollen und mit zerlassener Butter bestreichen. Den restlichen Teig rund

ausrollen, über die Teigrolle legen und vorsichtig unter die Rolle ziehen. Die Dattelrolle mit Teigresten verzieren. Mit flüssiger Butter bestreichen und im auf 180 °C vorgeheizten Backofen ca. 45 Min. backen. Gegebenenfalls mit Alufolie abdecken. Nach der Backzeit sofort mit Rosenwasser beträufeln und mit Puderzucker bestreuen. Warm servieren.

Anders als im Originalrezept angegeben, haben wir nach einem ersten Versuch um die Hälfte weniger Rosinen und Sultaninen verwendet. Die Dattelrolle wurde so weniger süß. Die großen Mengenangaben im Originalrezept lassen darauf schließen, daß die Italiener in der Frührenaissance insgesamt das Süße mehr schätzten als wir heute, vermutlich aber waren damals auch die Rosinensorten wesentlich weniger süß als heute.

Sahnetorte
(La Varenne)

Man läßt einen halben Liter Rahm in einer Kasserolle kochen, nimmt etwas davon und mischt mit vier Eigelb. Dann fügt man ein kleines Stück gestoßenes Marzipan hinzu. Ist dies alles gut vermischt, wird es in Sahne getan und auf dem Feuer gerührt, bis es steif wird. Nun wird eine Teigschicht gemacht, die Creme darauf getan und bei kleinem Feuer gebacken.

Vorbereitung: 20 Min. und 2 Std. erkalten
Backzeit: 70 Min.

FÜR 4 PERSONEN

300 g	Zucker		*Für die Füllung*
5	Eier	5 dl	Rahm
5 EL	Wasser	4	Eigelb
1/2 TL	Zitronenrinde	50 g	Marzipan
250 g	Mehl	20 g	Puderzucker
1 Msp	Salz		oder
7 g	Backpulver	20 g	Kakaopulver

Zubereitung Die Eigelb, den Zucker und das Wasser schaumig rühren. Das Eiweiß zu steifem Schnee schlagen. Mehl, Salz und Backpulver vermischen, die Eiercreme zugeben und am Schluß das Eiweiß vorsichtig darunterheben. In einer gebutterten und mit Mehl bestäubten Springform ca. 50 Min. bei 160 °C backen.

In einer Pfanne den Rahm ca. 5 Min. kochen. Die Eigelb verrühren und das Marzipan zerdrücken. 4 EL des Rahms etwas abkühlen lassen und mit dem verrührten Eigelb und dem Marzipan verquirlen. Zum kochenden Rahm geben und unter stetigem Rühren nochmals ca. 10 Min. leicht kochen, dann abkühlen lassen und kalt stellen. Die erkaltete Torte durchschneiden, füllen und nochmals im Backofen 10 Min. backen. Vor dem Servieren mit Puderzucker oder Kakaopulver bestreuen.

Englische Torte
(Sabina Welser)

Nehmt ein Seidlein Rahm, etwa drei Viertel Schmalz und ein Viertel Zucker, den man mit der Milch in dem Schmalz sieden lassen muß. Danach nehmt sechs Eier und zusätzlich sechs Dotter, verschlagt zwei Eier gut mit einem Löffelchen Mehl und rührt es glatt. Wenn es gut verschlagen ist, dann tut die Eier alle hinein, tut alles in eine Pfanne und laßt es kochen, bis es schön dick wird, und paßt ja auf, daß es nicht anbrennt. Wenn es gekocht ist, dann salzt ein wenig und gießt etwas Rosenwasser daran, während es noch warm ist, und danach laßt es backen.

Vorbereitung: 15 Min.
Backzeit: 30 Min.

Für 4 Personen

3 dl	Rahm	1 EL	Mehl
180 g	Schmalz oder Butter	1/2 TL	Salz
60 g	Zucker	1 TL	Rosenwasser
6	Eier		

Zubereitung Den Rahm zusammen mit dem Schmalz oder der Butter und dem Zucker aufkochen lassen. 1 Ei mit dem Mehl gut verrühren, ohne daß Klumpen entstehen. Die restlichen 5 Eier mit dem Schneebesen aufschlagen. Alle Zutaten vermischen und im Wasserbad unter ständigem Rühren eindicken. Eine Backform mit Butter einfetten und mit Mehl bestäuben, die Masse hineingeben, glattstreichen und im vorgeheizten Backofen bei 180 °C ca. 30 Min. backen.

Eierschnee
(Philippine Welser)

Willst du ein kaltes Eiweiß machen, so nimm das Weiß von 10 Eiern und schlag es so gut, daß es fast wie Wasser ist. Dann nimm drei Quart guten Halbrahm und drei Löffel Zucker und klopf's wohl durcheinander. Gieß alles in ein gläsernes Häfelein, setz es auf Kohlen und laß es, wobei du immer rührst, ein wenig heiß werden. Danach schütt es in eine tiefe Schüssel, rühr's noch ein wenig und richte es kalt an.

Vorbereitung: 10 Min.
Kochzeit: 35 Min. und 4 Std. erkalten

Für 4 Personen

10 ganz frische Eiweiß
1/2 l Sahne
60 g Zucker
1 Vanillezucker

Zubereitung Das Eiweiß, die Sahne, den Zucker und den Vanillezucker mit einem Schneebesen aufschlagen und im Wasserbad unter ständigem Rühren auf ca. 50 °C erwärmen. Danach in ein kaltes Wasserbad stellen und weiterrühren, bis der Eischnee erkaltet ist.
Oder
Das Eiweiß und die Sahne getrennt steif schlagen. Zucker und Vanillezucker unterziehen und das Eiweiß vorsichtig drunterheben. Eine Kuchenform mit Folie auslegen und die Creme einfüllen. Im Tiefkühlfach ca. 4 Std. gefrieren lassen. Aus der Form nehmen, in Scheiben schneiden und nach Geschmack mit Schokoladenpulver bestreuen.
Wir haben lange an diesem Dessert gefeilt. Die zweite Variante weicht zwar stark vom Originalrezept ab, gleichwohl schmeckt sie ausgezeichnet.

Eiertorte
(Philippine Welser)

Willst du eine gute Eiertorte machen, so nimm zunächst Mandeln und reib sie klein. Davon nimm die Hälfte und mach mit frischem Wasser ein Viertel Mandelmilch. Danach nimm 15 Eidotter, vermisch sie mit der Mandelmilch. Dann nimm die übrigen gestoßenen Mandeln und einen halben Löffel voll Zucker und rühr es an die Eier. Dann nimm Schmalz und laß es in der Pfanne zerlaufen. Schütt es dazu und laß alles sieden, bis es dick wird. Danach streich es auf einen Boden und laß es in der Tortenpfanne warm werden. Danach tu noch ein wenig Schmalz auf die Torte, und wenn es zerlaufen ist, dann tu noch gestoßenen Zucker drauf und laß es fertig backen.

Vorbereitung: 30 Min.
Backzeit: 35 Min.

FÜR 4 PERSONEN

Für den Mürbeteig
- 60 g Puderzucker
- 150 g Butter
- 250 g Mehl
- 2 Eigelb
- 1/2 TL ungespritzte Zitronenschale

Für die Füllung
- 250 g gemahlene Mandeln
- 2,5 dl Milch
- 15 Eigelb
- 1 dl Milch
- 100 g Zucker
- 50 g Butter
- 50 g Zucker zum Bestreuen

Zubereitung Den Mürbeteig wie auf S. 248 beschrieben zubereiten und in eine gebutterte und mit Mehl bestäubte Tortenform von ca. 25 cm Durchmesser legen. Den Boden mit einer Gabel mehrmals durchstechen. Die Hälfte der gemahlenen Mandeln in der Mischung aus Milch und Wasser 5 Min. kochen, absieben und auskühlen lassen. Die Eidotter, die Mandelmilch, die Milch, den Zucker und die restlichen Mandeln gut verquirlen. In einer Pfanne 1 EL Butter erhitzen und die Eiermischung zugeben. Unter ständigem Rühren zu einem dicken Brei einkochen. Auf den Teigboden geben, mit flüssiger Butter bestreichen und mit Zucker bestreuen. Den Backofen auf ca. 180 °C vorheizen und die Torte 35 Min. backen.

Zimttorte
(Sabina Welser)

Nimm ein halbes Pfund zerstoßene Mandeln, mehr oder weniger, je nachdem, wie groß du die Torte machen willst. Nimm Butterschmalz und das Weiße von sieben Eiern. Alles wird durcheinandergemischt, dann ein Lot Zimt druntergegeben, den größeren Teil aber darauf streuen und die Torte mit Rosenwasser besprengen. Man soll dazu auch ungefähr ein halbes Pfund Zucker nehmen. Besonders gut dazu ist auch gekochtes und kleingehacktes weißes Fett vom Kalbsschlegel.

Vorbereitung: 15 Min. und 30 Min. ruhen
Backzeit: 45 Min.

FÜR 4 PERSONEN

200 g Butter
200 g Zucker
250 g geriebene Mandeln
1 TL Zimt
1 TL Rosenwasser
6 Eiweiß

1 Eigelb
oder
1 EL Butter oder Schweineschmalz
1 TL Zimt

Zubereitung Butter und Zucker schaumig rühren. Die geriebenen Mandeln, den Zimt und das Rosenwasser zugeben. Das Eiweiß zu steifem Schnee schlagen und vorsichtig darunterheben. Den Teig 30 Min. zugedeckt im Kühlschrank ruhen lassen. Eine runde Springform mit Butter einfetten und mit Mehl bestäuben. Den Teig hineingeben, mit Eigelb, flüssiger Butter oder Schweineschmalz bestreichen und im vorgeheizten Backofen auf 180 °C ca. 45 Min. backen. Nach dem Auskühlen mit Zimt bestreuen.

Kirschkuchen
(Platina)

Saure Kirschen werden entsteint und mit roten Rosen in einem Mörser gut zerstoßen. Dann tut man ein wenig frischen oder alten geriebenen Käse, etwas Pfeffer, wenig Ingwer und vier geschlagene Eier hinzu. Nachdem die Masse gut durchgemischt ist, gibt man sie in eine mit Fett ausgestrichene Pfanne auf einen Teigboden und bäckt sie auf kleinem Feuer. Beim Herausnehmen gießt man in Rosenwasser aufgelösten Zucker darüber.

Vorbereitung: 20 Min. und 1 Std. ruhen
Backzeit: 40 Min.

Für 4 Personen

200 g	Mehl	200 g	Mascarpone
80 g	Butter	1 Msp	Pfeffer
1/2 dl	Wasser	1 Msp	Salz
1 Msp	Salz	1/2 TL	Ingwer
1 kg	Sauerkirschen	4	Eier
1 dl	ungespritzte rote Rosenblätter	4 EL	Zucker
		2 EL	Rosenwasser

Zubereitung Mehl und Butter miteinander vermischen und mit dem Wasser und Salz zu einem Teig kneten. Den Teig eine Stunde im Kühlschrank ruhen lassen, danach ausrollen und auf ein gefettetes Backblech legen. Die Sauerkirschen entsteinen, den weißen Rand von den roten Rosenblättern entfernen und mit den Kirschen im Mörser zerstoßen. Aus Mascarpone, Pfeffer, Salz, geriebenem Ingwer und aufgeschlagenen Eiern einen Guß zubereiten, mit den Kirschen gut vermischen und auf dem Teigboden verteilen. Im Backofen bei 180 °C ca. 40 Min. backen. Danach mit Zucker bestreuen und mit Rosenwasser beträufeln.

Erdbeertorte
(Sabina Welser)

Mache den Boden und laß ihn in der Tortenpfanne fest werden. Danach nimm die Erdbeeren und lege sie so eng wie möglich kreisförmig darauf, danach zuckere sie aufs allerbeste. Laß es danach eine kleine Weile backen, gieß einen Malvasier darüber, und laß es wieder eine Weile backen, dann ist es fertig.

Vorbereitung: 10 Min.
Backzeit: 15 Min.

Für 4 Personen

500 g Erdbeeren
1 Tortenboden
50 g Zucker
1 dl süßer Weißwein
1 dl Sahne

Zubereitung Die Erdbeeren waschen, abtropfen, halbieren und auf dem fertigen Tortenboden verteilen. Mit Zucker bestreuen und im vorgeheizten Backofen bei 180 °C ca. 10 Min. backen. Mit dem süßen Weißwein beträufeln und nochmals 5 Min. backen. Eventuell mit steif geschlagenem Rahm garnieren.

Pfirsichtorte
(Philippine Welser)

Um eine Pfirsichtorten zu machen, nimm die Pfirsich, schäle sie und entferne die Kerne. Mach zwei Teile aus einer Quitten, nimm Zucker, Zimt und frische Butter und laß sie zusammen sieden. Dann backe es eine Viertelstund. Nimm dann süßen Wein und Butter und laß es miteinander sieden und nimm die Brühe und gieß sie auf die Torte.

Vorbereitung: 20 Min.
Backzeit: 25 Min.

FÜR 4 PERSONEN

Für den Mürbeteig

60 g	Puderzucker
150 g	Butter
250 g	Mehl
2	Eigelb
1/2 TL	ungespritzte Zitronenschale

Für die Füllung

6	Pfirsiche (frisch oder aus der Dose)
100 g	Quittengelee
1/2 TL	Zimt
50 g	Butter
1/2 dl	Marsala

Zubereitung Puderzucker, weiche Butter, Mehl, Eidotter und die abgeriebene Zitronenschale zu einem Mürbeteig kneten. Eine Tortenform von ca. 25 cm Durchmesser mit Butter bestreichen, mit Mehl bestäuben und den Teig darin auslegen. Den Backofen auf ca. 180 °C vorheizen und den Boden 15 Min. backen. Die frischen Pfirsiche halbieren, entsteinen, kurz in kochendes Wasser tauchen und die Haut abziehen. Wenn frische Pfirsiche verwendet werden, 50 g Zucker mit 1 dl Wasser und einigen Tropfen Zitronensaft aufkochen und die Früchte darin garen. Damit der Teigboden nicht ganz aufweicht, die Pfirsichhälften erst kurz vor dem Servieren auf den Tortenboden legen. In einer Pfanne das Quittengelee, Zimt und 30 g Butter erwärmen und über die Pfirsiche gießen. Nochmals 10 Min. backen. Den Marsala zusammen mit 20 g Butter aufkochen und über die Torte gießen.

Melonen im Teigmantel
(Nicolas de Bonnefons)

Man schneide die Melonen in Scheiben und tauche sie in einen Teig, der sehr dünn sein soll und aus Weizenmehl, Eiern, Weichkäse und anderem gemacht ist. Dann bäckt man die Scheiben in frischer Butter oder Fett. Wenn man sie aus der Pfanne nimmt, streut man Zucker oder Salz darüber, gerade so, wie man sie essen will. Der Saft von Orangen, Zitronen oder Trauben, aber auch Essig ist die wahre Würze für jede Art Fettgebackenes.

Vorbereitung: 20 Min.
Backzeit: 10 Min.

Für 4 Personen

2 Honigmelonen
1 l frisches Fritieröl
2 EL Puderzucker
1dl weißer Trauben- oder Orangensaft

Für den Teig

100 g Mehl
1/2 TL Salz
1 TL Zucker
3 Eier
50 g Mascarpone
1 EL Essig
1/2 dl Wasser

Zubereitung Die Melonen halbieren, Schale und Kerne entfernen und das Fruchtfleisch in Scheiben schneiden. Das Mehl, Salz, Zucker, Eidotter, Mascarpone, Essig und Wasser zu einem Teig verrühren. Die Eiweiß zu Schnee schlagen und vorsichtig drunterziehen. Das Öl in der Friteuse erhitzen, die Melonenscheiben an der Gabel in den Teig tauchen und einzeln im Öl ausbacken. Die fertigen Scheiben auf Küchenpapier legen und etwas entfetten. Vor dem Servieren mit Puderzucker bestreuen und mit weißem Trauben- oder mit Orangensaft beträufeln.

Apfeltorte
(Philippine Welser)

Für eine Apfeltorte nimm gute Äpfel, schäl sie und hack sie klein. Dann nimm Schmalz, so dick wie ein Ei, und zerlaß es in einer Pfannen. Danach nimm die gehackten Äpfel und tu darunter eine gute Handvoll Weinbeeren und Zimt und rühr's durcheinander. Danach schütt's in das warme Schmalz und gib's dann in ein sauberes Geschirr, zuckre es gut und laß es kalt werden.
Schütt's auf den Tortenboden, mach ein Deckelein drüber, und wenn es halb gebacken ist, so nimm es heraus und tu ein Mark oder eine Butter darauf und laß es dann wieder fertig backen.

Vorbereitung: 35 Min.
Backzeit: 35 Min.

Für 4 Personen

500 g	Kuchen- oder Blätterteig	1/2 TL	gemahlener Zimt
1 kg	Äpfel	2 EL	Butter
50 g	getrocknete Weinbeeren	50 g	Zucker

Zubereitung Den Kuchenteig dünn ausrollen und drei Viertel davon in eine gebutterte Tortenform von ca. 25 cm Durchmesser legen. Mit dem restlichen Teig einen Deckel formen. Die Äpfel schälen, das Kerngehäuse entfernen, raspeln und mit den Weinbeeren und dem Zimt mischen. 1 EL Butter in einer Pfanne erhitzen, die Äpfel zugeben und 5 Min. kochen. Auskühlen lassen, den Zucker zufügen und auf dem Teigboden verteilen. Den Teigdeckel drüberlegen und im vorgeheizten Backofen bei 180 °C 20 Min. backen. Die Torte mit flüssiger Butter bestreichen und nochmals 15 Min. fertig backen.
Wir haben die Apfeltorte nach dem Originalrezept zubereitet, empfehlen aber statt Schmalz oder Rindermark Butter zu verwenden. So erhielten wir ein ausgezeichnetes Dessert.

Georg Flegel, *Stilleben mit Brot und Zuckerwerk*

Birnentorte
(Sabina Welser)

Schneide aus einer Birne acht oder zwölf Schnitze, je nachdem, wie groß die Birne ist. Röste sie in Schmalz, nimm sie hernach und lege sie schön im Kreis auf die Torte und bestreue sie unten und oben mit Zucker, Zimt, Nelken und Weinbeeren und laß alles backen.

Vorbereitung: 30 Min.
Backzeit: 45 Min.

FÜR 4 PERSONEN

5 Birnen
1 EL Butter
4 Eier
125 g Zucker
100 g Butter
1/2 Limone
150 g Mehl
1 TL Backpulver
1 Msp Salz
2 EL Rosinen
1 EL Zucker
1/2 TL Zimt
1 Msp Nelkenpulver

Zubereitung Die Birnen schälen, das Kerngehäuse herausstechen und die Früchte in kleine Schnitze schneiden. In Butter ca. 5 Min. dünsten. Die Eigelb mit dem Zucker schaumig rühren, die flüssige Butter, den Limonensaft und die abgeriebene Limonenschale zugeben und so lange rühren, bis der Teig Blasen wirft. Mehl, Backpulver, Salz und Rosinen mischen, die Eiweiß zu Schnee schlagen und alle Zutaten vorsichtig miteinander vermengen. Eine Springform mit Butter einfetten und mit Mehl bestäuben. Den Teig einfüllen, glattstreichen und die Birnenschnitze darauf verteilen. Zucker, Zimt und Nelkenpulver vermischen und über die Torte streuen. Im vorgeheizten Backofen bei 180 °C ca. 45 Min. backen.

Weinbeertorte
(Philippine Welser)

Nimm den Boden wie zu einer anderen Torte und gib Weinbeeren darauf, daß der Boden wohl bedeckt sei. Gib Zimt und Zucker drüber und mach ein Deckelein darauf. Wenn die Torte halb gebacken ist, so schütt einen Malvasier oder einen anderen süßen Wein darein, überstreich es mit einem Ei und laß es fertig backen.

Vorbereitung: 30 Min.
Backzeit: 40 Min.

Für 4 Personen

Für den Mürbeteig

80 g Puderzucker
180 g Butter
300 g Mehl
3 Eigelb
1/2 TL ungespritzte Zitronenschale

Für die Füllung

800 g frische weiße Trauben
1/2 TL Zimt
10 g Zucker
1/2 dl süßer weißer Mosel- oder Rheinwein
1 Eigelb

Zubereitung Den Mürbeteig, wie auf S. 248 beschrieben, zubereiten und vorsichtig in eine gebutterte und mit Mehl bestäubte gläserne Kuchenform von ca. 25 cm Durchmesser legen. Mit einer Gabel den Boden mehrmals durchstechen. Mit dem restlichen Teig einen Deckel formen. Die Trauben auf dem Teigboden verteilen, mit Zimt und Zucker bestreuen und mit dem Teigdeckel zudecken. Den Backofen auf 180 °C vorheizen und die Torte 20 Min. backen. Ein kleines Loch in den Deckel schneiden, den Wein über einen Trichter in die Torte gießen, mit dem Eigelb bestreichen und nochmals 20 Min. backen.

Weinbeeren auf Zwieback

(Frantz de Rontzier)

Die Weinbeeren brät man mit kleinen Rosinen und Äpfeln, die man in Würfel geschnitten hat, in Butter. Man macht sie an mit Zucker, Zimt und Wein und serviert sie auf geröstetem Brot.

Vorbereitung: 15 Min.
Kochzeit: 5 Min. und 6 Std. ziehen

FÜR 4 PERSONEN

800 g	weiße Trauben	1/2 TL	Zimt
2 EL	Rosinen	2 EL	Marsala
2	Äpfel	200 g	Zwieback
1 EL	Butter	1 dl	Sahne
2 EL	Zucker		

Zubereitung Die Äpfel schälen und würfeln. Die Butter erhitzen und die Trauben, die Rosinen und die Äpfel darin anbraten. Mit Zucker und Zimt bestreuen und mit Marsala ablöschen. Eine Schale schichtweise mit Zwieback und Früchten füllen. Mindestens 6 Std. ziehen lassen. Nach Belieben vor dem Servieren mit Sahne garnieren.
Weinbeeren auf Zwieback lassen sich schöner präsentieren, wenn man sie auf Dessertteller anrichtet. An Stelle von Zwieback schmecken auch Löffelbiskuits ausgezeichnet.
Geröstetes Toastbrot, wie es das Originalrezept vorschlägt, sollte nur verwendet werden, wenn man die Fruchtmischung sofort nach dem Kochen serviert. Unseres Erachtens schmeckt das Dessert aber wesentlich besser, wenn man die Früchte zusammen mit Zwieback oder Biskuit ziehen läßt.

Süße Käsetorte
(Philippine Welser)

Nimm zuerst einen guten, fetten Käse, nicht zu alt, reibe ihn klein und füll ihn in eine Schüssel. Gib dazu zweimal soviel Eier und viermal soviel Butter und mach daraus einen Teig und rühr dazu noch ein wenig Mehl. Mach den Teig nicht zu dünn, daß er auf dem Boden auch kalten mag, und tu etwas Zucker darüber, und dann back die Torte fein langsam. Wenn sie fertig ist, streu noch ein wenig Zucker drauf, solange sie noch heiß ist.

Vorbereitung: 10 Min.
Backzeit: 45 Min.

FÜR 4 PERSONEN

250 g Mascarpone
250 g Magerquark
4 Eier
50 g Butter
150 g Mehl
150 g Puderzucker

Zubereitung Mascarpone, Quark, Eier, Butter, Mehl und Puderzucker zu einem Teig verarbeiten. Eine Tortenform mit Butter bestreichen, mit Mehl bestäuben und den Teig einfüllen. Den Backofen auf ca. 200 °C vorheizen und die Torte 45 Min. backen. Mit Puderzucker bestreuen und warm servieren.
Die Torte schmeckt leicht braun gebacken am besten. Sie geht nur leicht auf. Mit der Mehl- und Zuckermenge haben wir viel experimentiert. Je nach Geschmack kann etwas mehr oder weniger zugefügt werden. Wir verwendeten Weißmehl. Es lohnt sich aber auch, Varianten mit anderem Mehl zu versuchen. Die Eier-Butter-Masse muß dann darauf abgestimmt werden.

Kürbistorte
(Platina)

Reibe den Kürbis wie einen Käse, laß ihn danach in einer fetten Brühe oder in Milch sieden. Wenn er halb gekocht ist, soll man's durchsieben, und danach tut man ein halbes Pfund Fett oder Butter, ein halbes Pfund Zucker, ein wenig Ingwer, ein wenig Zimt, sechs Eier, zwei Becher Milch und ein wenig Safran dazu. Das alles soll backen, wobei man zuvor unten und oben eine feine Rinde gemacht und alles eingeschmiert hat. Etliche machen oben auf den Deckel noch schöne lustige Blätter. Wenn es nun fertig ist, mag man's vor dem Servieren mit Zucker und Rosenwasser besprengen.

Vorbereitung: 25 Min.
Backzeit: 50 Min.

FÜR 4 PERSONEN

500 g	Kürbis	3	Eier
1/2 l	Milch	1 dl	Milch
50 g	Butter	1 Msp	Safran
100 g	Zucker	500 g	Blätterteig
1 Msp	Ingwer	1 EL	Rosenwasser
1 Msp	Zimt		

Zubereitung Den Kürbis in Stücke schneiden, fein raspeln und in der Milch 15 Min. kochen. Abgießen, gut ausdrücken und mit Butter, Zucker, Ingwer, Zimt, Eiern, Milch und Safran mischen. Den Blätterteig dünn ausrollen und die Hälfte auf ein gebuttertes Backblech legen. Die Füllung auf dem Boden verteilen und mit dem restlichen Teig zudecken. Im vorgeheizten Backofen auf 180 °C ca. 50 Min. backen. Ist die Torte aufgegangen, mit Rosenwasser beträufeln und servieren.

Nürnberger Gebäck
(Sabina Welser)

Nimm für ein Essen zehn frisch gelegte Eier, schlag sie auf, nimm halb soviel Milch, mache einen zähen Teig, tu vier Löffel Zucker hinein und salze ein wenig. Laß Schmalz in der Pfanne heiß werden und tu den Teig hinein, gieße das Schmalz wieder ab und bedecke den Kessel. Nimm einen Topf mit kochendem Wasser und tu das Kesselchen mit dem Teig hinein und laß ihn kochen. Schau oft nach, damit der Teig nicht zu dick wird. Wenn er dir richtig vorkommt, so tu ihn heraus. Laß Schmalz in einer Pfanne heiß werden, schneide den Teig so lang und dick wie einen Finger und lege ihn in die Pfanne, bis er aufgeht.

Vorbereitung: 15 Min.
Backzeit: 10 Min.

Für 4 Personen
6 frische Eier
3 dl Milch
150 g Mehl
50 g Zucker
1/2 TL Salz
1 EL Butter oder Schmalz
1 EL Mehl

Zubereitung Die frischen Eier mit dem Schneebesen schaumig schlagen, Milch, Mehl, Zucker und Salz zugeben und zu einem dünnen Teig verarbeiten. Die Butter oder das Schmalz in einem Topf im Wasserbad zergehen lassen, den Teig zugeben, überschüssiges Fett abgießen und so lange Wärme zuführen, bis der Teig dick wird. Mehl auf den Tisch streuen, den Teig 2 cm dick ausrollen und in fingerbreite Stücke schneiden. Eine Teflonbratpfanne erhitzen, die Stücke ohne Zugabe von Fett backen, bis sie aufgehen. Dabei die Pfanne immer wieder rütteln, so daß das Gebäck auf allen Seiten leicht anbräunt.

Hirschhorn
(Philippine Welser)

Willst du ein Hirschhorn backen, so nimm sechs Eier, verrühre sie und nimm vier große Löffel Zucker und rühr gut Mehl darein. Mach einen Teig daraus, und wenn er ausgewallt ist, schneide Stücklein ab, ungefähr so lang wie eine Spindel, und schneid sie so, daß sie einem Hirschhorn mit seiner Zange gleichen. Danach laß sie fein auf beiden Seiten im Schmalz braten, und wenn du sie auf den Tisch geben willst, so setze zwei und zwei gegenüber und drüber streu noch Zucker.

Vorbereitung: 30 Min.
Backzeit: 10 Min.

Für 4 Personen

3	Eier	1 Msp	Salz
250 g	Puderzucker	500 g	Mehl

Zubereitung Die Eier mit dem Zucker schaumig rühren und mit dem Salz und dem Mehl zu einem Teig verarbeiten. Den Teig ca. 1 cm dick ausrollen und mit dem Teigrad in 2 cm breite und 10 cm lange Streifen schneiden. Die Streifen hornförmig biegen, die einen nach links, die andern nach rechts, und auf beiden Seiten einschneiden, so daß ein »Hirschorn« entsteht. Auf ein gebuttertes Kuchenblech legen und im vorgeheizten Backofen bei 180 °C 10 Min. backen. Jeweils zwei Gebäckstücke so auf den Teller legen, daß ein Hirschgeweih entsteht. Mit Puderzucker bestäuben.

Das Resultat ist recht hartes Gebäck, das sehr gut schmeckt. Wir haben die Backzeit und die Backtemperatur mehrmals variiert: Bei 8 Min. bleibt das Gebäck weich, schmeckt aber weniger gut. Da das Schneiden der Hirschhörner recht zeitaufwendig ist, haben wir einen Teil des Teigs mit Weihnachtsplätzchenformen ausgestochen. Wir haben auch ein Eigelb mit 1 Msp Safran vermischt und die Plätzchen vor dem Backen damit bepinselt.

Eingemachter grüner Ingwer
(Nostradamus)

Weißer Ingwer, der der beste ist, wird drei Tage lang in heißem Wasser eingeweicht und das Wasser täglich erneuert. Dann läßt man ihn in starker Lauge kochen und macht die Lauge einige Male neu, bis der Ingwer viel von seiner Schärfe verloren hat. Dann tut man ihn in klares Wasser, wäscht ihn gut und läßt ihn drei bis vier Tage wässern, damit er den Laugengeschmack verliert. Das Wasser muß jeden Tag frisch sein. Nun wird der Ingwer in klarem Wasser mit etwas Honig gekocht, bis er ein klein wenig weich wird. Dann wird er herausgenommen und auf ein weißes Tuch zum Trocknen gelegt. Danach tut man den Ingwer in einen irdenen Topf und gießt flüssigen Honig drüber. So läßt man ihn zwei bis drei Tage stehen. Dann wird der Topf gut verschnürt.
Der Ingwer fördert die Mutterschaft, ist gesund für den Magen und bekommt auch alten Leuten gut. Die Manneskraft wird durch ihn gestärkt, wenn er in Sirup von gutem Zucker genommen wird.

Vorbereitung: 8–10 Tage
Kochzeit: 15 Min. und 10 Min.

Für 4 Personen
200 g Ingwer
5 dl Essig
6 EL Honig

Zubereitung Den geschälten Ingwer mit heißem Wasser übergießen und zugedeckt einen Tag stehen lassen. Zweimal wiederholen. Den Essig zusammen mit 5 dl Wasser aufkochen und den Ingwer darin 15 Min. kochen. Danach in täglich erneuertem klaren Wasser 3 Tage wässern. Nun den Ingwer in 5 dl Wasser mit 1 EL Honig 10 Min. kochen. Gut abtrocknen, in ein Tongefäß geben und mit 5 EL Honig begießen. Das Gefäß gut verschließen und kühl lagern.
Der so zubereitete Ingwer kann für Ingwertee oder Ingwerlebkuchen verwendet werden, aber auch anstelle des geriebenen Ingwers in Saucen aller Art. Wir haben dieses Rezept natürlich auch deshalb aufgenommen, weil es den berühmten Weissager aus einer ganz anderen Perspektive zeigt, nämlich als einen der Wegbereiter der französischen Renaissance-Küche.

Apfelpolster
(Sabina Welser)

Willst du ein Apfelpolster machen, so nimm gute Äpfel, schäle sie und schneide jeden Apfel in vier Schnitze. Nimm Mehl, Eier, Wasser und Salz, mache einen nicht zu dünnen Teig, schütte die Äpfel darein. Tu Schmalz in eine tiefe Pfanne, und wenn es heiß ist, tu die Schnitze in das Schmalz und laß sie backen, bis der Teig gar hoch wird. Kehr sie um, laß sie auch auf der anderen Seite backen, dann ist es gut.

Vorbereitung: 15 Min.
Kochzeit: 15 Min.

Für 4 Personen

100 g	Mehl
1 Msp	Salz
1 TL	Zucker
1/2 dl	Wasser
3	Eigelb
1 EL	Olivenöl
3	Eiweiß
500 g	Äpfel
2 dl	Fritieröl oder Schmalz

Zubereitung Aus dem Mehl, Salz, Zucker und Wasser einen dünnen Teig anrühren. Nach und nach die Eidotter und das Olivenöl zugeben. Die Eiweiß zu Schnee schlagen und vorsichtig unter den Teig ziehen. Die Äpfel schälen, jeweils in vier Schnitze teilen und das Kerngehäuse entfernen. In einer Friteuse das Schmalz oder das Öl heiß werden lassen, die Apfelstücke an einer Gabel in den Teig tauchen. Im Fett schwimmend hellbraun ausbacken. Vor dem Servieren kurz zum Entfetten auf ein Küchenpapier legen. Nach Belieben mit Zucker und Zimt bestreuen.

Götterwein
(La Varenne)

Schäle zwei große Zitronen und schneide sie in Scheiben, genauso zwei Goldrenetten. Setz sie in drei Viertel Puderzucker und einem Schoppen Burgunder, sechs Nelken und ein wenig Orangenblütenwasser an. In dem gut zugedeckten Topf laß alles zwei oder drei Stunden ziehen und gieß es hernach durch einen Trichter. Man kann dem Götterwein einen Moschus- oder Ambrageschmack geben, das schmeckt vorzüglich.

Vorbereitung: 10 Min. und 3 Std.

FÜR 4 PERSONEN

2	Zitronen	1/2 TL	Orangenblüten
2	Äpfel, z. B. Cox' Orange		eventuell
7 dl	roter Burgunderwein	1 TL	Raute
50 g	Puderzucker		oder
6	Nelkenköpfe	1 EL	Cynar

Zubereitung Die Zitronen und Äpfel schälen und in dünne Scheiben schneiden. Mit dem Rotwein, dem Puderzucker, den Nelken und den Orangenblüten mischen und zugedeckt für mindestens 3 Std. in den Kühlschrank stellen. Absieben und kalt servieren.
Auf Wunsch kann etwas Cynar zugegeben werden.

Limonade
(La Varenne)

Presse den Saft von sechs Zitronen aus, gieße ihn in eine Karaffe oder Terrine und mische ihn mit dem Saft von drei Apfelsinen. Tu eine halbe Zitronenschale und eine halbe Apfelsinenschale dazu. Gib nun ein Drittel Liter Wasser hinein und ein halbes Pfund Zucker. Nun wird die Flüssigkeit so lange von einer Kanne in die andere gegossen, bis der Zucker sich aufgelöst hat. Dann gießt man die Limonade durch ein weißes Tuch und stellt sie kalt.

Vorbereitung: 10 Min.

Für 4 Personen

6 Limonen	3 dl Wasser
3 Orangen	100 g Zucker

Zubereitung Der Saft der Limonen und Orangen wird mit dem Wasser und dem Zucker gemischt. Dazu kommt noch je ein Stückchen Limonen- und Orangenschale. Mit dem Schwingbesen wird der Saft so lange bearbeitet, bis sich der Zucker aufgelöst hat. Durch ein Sieb abgießen und im Kühlschrank kalt stellen. Die Limonade kann mit Mineralwasser verdünnt werden. Gemischt mit etwas Rum wird sie zu einem sehr guten Aperitif.

Weinbeersaft
(Platina)

Für einen Saft von Weinbeeren stoße Weinbeeren in einem Mörser, misch einen Brosamen Brot und ein wenig Essig dran, daß es nicht so süß bleibt. Laß es eine halbe Stunde sieden, tu Röhrlein und Ingwer darein, laß es kalt werden und tu's in Schüsselein.
Ist dem Magen und Leber gesund, macht den Leib feist, nähret wohl und wird schnell verdauet.

Vorbereitung: 5 Min.
Kochzeit: 30 Min.

Für 4 Personen

2 kg	blaue, süße Weintrauben
1 EL	Saft von unreifen Trauben
	oder
1 dl	trockener Weißwein
1/2 EL	Weinessig
1 Msp	Zimt
1 Msp	Ingwer

Zubereitung Die Weinbeeren im Mörser zerstampfen, den sauren Traubensaft, Essig, Zimt – wir sind ziemlich sicher, daß die »Röhrlein«, wie es im Originalrezept heißt, Zimtstangen sind – und Ingwer zugeben und in einer Pfanne 30 Min. kochen. Erkalten lassen, durch ein Sieb gießen und im Kühlschrank kalt werden lassen. Eventuell mit Eiswürfel servieren.
Stehen keine unreifen Trauben zur Verfügung, kann trockener Weißwein verwendet werden. Beides macht den Weinbeersaft angemessen süß.
Wir versuchten es auch mit Traubensaft aus der Flasche. Das Resultat war weniger fruchtig und viel süßer als mit frischen Trauben.

Anhang

Bibliographie

Gedruckte Quellen

Arte della cucina, Libri di ricette testi sopra lo scalco il trinciante e i vini dal XIV al XIX sexolo. A cura di Emilio Faccioli, Edizioni il Polifilo, Milano 1966.

Platina Cremonensis (Bartolomeo Sacchi da Platina): Von der Eerlichen zimlichen / auch erlaubten Wolust des leib, aus dem Lateinischen übertragen von Stephanus Vigilius Pacimontanus. ND der Ausgabe von Augsburg 1542, Hildesheim 1980.

Cristofero de Messisbugo, Banchetti, Composizioni di vivande e apparecchio generale, Ferrara 1549, ND Venedig 1960.

Frantz de Rontzier: Kunstbuch von mancherley Essen, Kommentar und Glossar von Manfred Lemmer. Faksimileausgabe nach einem Exemplar aus der Herzog-August-Bibliothek Wolfenbüttel, Leipzig, München 1979.

Das Kochbuch der Sabina Welserin, Hrsg. von Hugo Stopp, Heidelberg 1980.

Aus Kochbüchern des 14. bis 19. Jahrhunderts, hg. v. Hugo Stopp, unter Mitarbeit von Renate Ertl und Angelika Schmitt, Heidelberg 1980.

Das Kochbuch der Philippine Welser, hg. v. Manfred Lemmer, Kommentar, Transkription und Glossar von Gerold Hayer, Leipzig 1983.

Die Meister der französischen Küche aus acht Jahrhunderten, hg. v. Bertrand Guégan und Nanny Collin, Basel 1922.

Le cuisinier françois, par le Sieur de la Varenne, Textes présentés par Jean-Louis Flandrin, Philip et Mary Hyman, Paris 1983.

Weitere Literatur

Essen und Trinken in Mittelalter und Neuzeit, Vorträge eines interdisziplinären Symposions an der Justus-Liebig-Universität Gießen, hg. v. Irmgard Bitsch, Trude Ehlert und Xenja von Ertzdorff unter redaktioneller Mitarbeit von Rudolf Schulz, Sigmaringen 1990.

So wird es gut und wohlgeschmack. Alte deutsche Kochrezepte um 1350–1600, hg. v. M. Lemmer, Leipzig 1991.

Hans und Heidi Zotter, Wohl bekomm's! Alte Bücher über's Kochen und Essen, Ausstellungskatalog, Graz 1979.

R. Barber, Cooking from Rome to the Renaissance, London 1973.

G. Benker, In alten Küchen. Einrichtung – Geräte – Kochkunst, München 1987.

A. Castelot, L'Histoire à table, Paris 1972.

T. Ehlert, Das Kochbuch des Mittelalters, Zürich/München 1990.

H. J. Fahrenkamp: Wie man ein teutsches Mannsbild bei Kräften hält. Die Küchengeheimnisse des Mittelalters, Frankfurt/Main 1977.
A. Gottschalk, Histoire de l'alimentation et de la gastronomie, 2 Bd., Paris 1948.
R. Habs, L. Rosner, Appetit-Lexikon, Wien 1894, München 1977.
R. Hauschild, Das Buch vom Kochen und Essen, Stuttgart 1975.
J. J. Hémardinquer, Pour une histoire de l'alimentation, Paris 1970.
H. Küster, Wo der Pfeffer wächst. Ein Lexikon zur Kulturgeschichte der Gewürze, München 1987.
L. Moulin, Augenlust & Tafelfreuden. Essen und Trinken in Europa – Eine Kulturgeschichte, Steinhagen 1989.
O. Redon, F. Sabban, S. Serventi, Die Kochkunst des Mittelalters. Wiederentdeckt für Genießer von heute, Frankfurt/Main 1993.
T. Seifert / U. Sametschek, Die Kochkunst in zwei Jahrtausenden, München o. J.
W. Schivelbusch, Das Paradies, der Geschmack und die Vernunft. Eine Geschichte der Genußmittel, München/Wien 1980.
R. Tannahill, Kulturgeschichte des Essens. Von der letzten Eiszeit bis heute, München 1979.
H. J. Teuteberg, G. Wiegelmann, Unsere tägliche Kost. Studien zur Geschichte des Alltags, Münster 1986.
J. D. Vehling, Martino and Platina, Exponents of Renaissance Cookery, Chicago 1932.
A. Willan, Kochkünste aus sieben Jahrhunderten, Bern und Stuttgart o. A.
H. Wiswe, Kulturgeschichte der Kochkunst. Kochbücher und Rezepte aus zwei Jahrtausenden mit einem lexikalischen Anhang zur Fachsprache von E. Hepp, München 1970.

Bildnachweis – Farbtafeln

AKG, Berlin: S. 9, 63, 91
Musée Condé, Chantilly: S. 43
Musée des Beaux-Arts, Straßburg: S. 25
Privatsammlung: S. 197
Rijksmuseum, Amsterdam: S. 59
Statens Museum for Kunst, Kopenhagen: S. 123
Victoria und Albert Museum, London: S. 249
Wallraf-Richartz-Museum, Köln: S. 169

Bildnachweis s/w Illustrationen

AKG, Berlin: S. 13, 28
Sammlung J. Hollander: S. 19
Palazzo Corsini, Rom: S. 36
Museum Sandelin, Saint-Omer: S. 42
Alte Pinakothek, München: S. 77
Wallraf-Richartz-Museum, Köln: S. 79
Museum voor Schone Kunsten, Gent: S. 83
Musées Royaux des Beaux-Arts de Belgique, Brüssel: S. 107
Universitäts-Kunstsammlung, Uppsala: S. 147
Statens Museum for Kunst, Kopenhagen: S. 159
Herzog-Anton-Ulrich-Museum, Braunschweig: S. 187
Stiftung preußischer Kulturbesitz, Berlin: S. 207
Staatliche Kunsthalle, Karlsruhe: S. 211
Pinacoteca di Brera, Mailand: S. 231
Art Gallery and Museum, Cheltenham: S. 239
Städelsches Kunstinstitut, Frankfurt/M.: S. 263

Alphabetisches Verzeichnis der Rezepte